巴中
——中国气候养生之都

主编单位　四川省气候中心
主　　编　马振峰　郭海燕　周斌

西南交通大学出版社
·成都·

内容简介

本书根据巴中1961—2018年翔实的气候资料以及近年来的生态环境、空气质量监测数据，从气候、生态、环境、旅游等多方面对巴中养生气候条件进行综合分析，充分挖掘巴中高质量的旅游憩息资源，揭示出巴中养生气候具有以下特点：气候舒适，空气湿润宜人；蓝天碧水，环境优美宜居；休闲佳境，物产丰富宜养；山川秀美，人文荟萃宜游。

2019年11月，受巴中市人民政府委托，中国气象学会邀请生态、环境、旅游、气象等领域的专家，对巴中养生气候条件进行论证后，授予巴中“中国气候养生之都”称号。

图书在版编目（CIP）数据

巴中：中国气候养生之都 / 马振峰等主编. —成都：西南交通大学出版社，2020.6
ISBN 978-7-5643-7474-7

Ⅰ. ①巴… Ⅱ. ①马… Ⅲ. ①巴中－概况 Ⅳ. ①K927.13

中国版本图书馆CIP数据核字（2020）第102351号

Bazhong—Zhongguo Qihou Yangsheng zhi Du
巴中——中国气候养生之都

主编　马振峰　郭海燕　周　斌

责任编辑　居碧娟
助理编辑　赵永铭
封面设计　墨创文化

出版发行　西南交通大学出版社
（四川省成都市金牛区二环路北一段111号
西南交通大学创新大厦21楼）
发行部电话　028-87600564　028-87600533
邮政编码　610031
网　　址　http://www.xnjdcbs.com
印　　刷　四川煤田地质制图印刷厂
成品尺寸　145 mm × 208 mm
印　　张　6
字　　数　138千
版　　次　2020年6月第1版
印　　次　2020年6月第1次
书　　号　ISBN 978-7-5643-7474-7
定　　价　58.00元

[本书巴中市标准地图审图号GS（2017）3320号]

《巴中——中国气候养生之都》
编委会

致谢

巴中市人民政府
中共巴中市委宣传部
巴中市人民政府办公室
巴中市发展和改革委员会
巴中市气象局
巴中市林业局
巴中市生态环境局
巴中市卫生健康委员会
巴中市民政局
巴中市财政局
巴中市自然资源和规划局
巴中市住房和城乡建设局
巴中市交通运输局
巴中市水利局
巴中市农业农村局
巴中市商务局
巴中市文化广播电视和旅游局

前言

巴中市位于四川省东北部，地处成都、重庆、西安三大城市的几何中心，1933 年川陕苏区设特别市，1993 年成立地区，2000 年撤地设市，辖 3 县 2 区和 2 个经济开发区，面积 1.23 万 km^2，总人口 368 万，是国家确定的秦巴山片区区域发展与扶贫攻坚中心城市、原川陕苏区中心城市，也是省委省政府确定的川陕革命老区振兴发展示范城市。

近年来，巴中市深入贯彻习近平生态文明思想，牢固树立“绿水青山就是金山银山”的理念，坚定不移地坚持生态优先、绿色发展，先后收获“全国双拥模范城”“国家卫生城市”“国家森林城市”“全国环境空气质量达标城市”“国家全域旅游示范区创建城市”“国家旅游标准化试点城市”等殊荣。

这里文化底蕴厚重。巴中市境内巴人文化、秦汉文化、三国文化、唐宋文化、红军文化、民俗文化交相辉映。当年 12 万巴山儿女参加红军，4.8 万人献出宝贵生命，徐向前、李先念等老一辈无产阶级革命家曾在此浴血奋战，走出了 446 位共和国开国将帅，现有全国最大的红军将帅碑林、红军烈士陵园和红军石刻标语群。

这里气候条件宜人。巴中市地处中国地理、气候南北分界线上，属一类气候适宜区、全年无雾霾地区，常年冬温夏凉、雨水充沛、雨日适中，无明显干季，负氧离子含量高，光照时数、寒冷指数、温湿指数等主要指标体感舒适，是“南方的北方、北方的南方”。

这里生态环境优良。巴中市是全国森林康养最佳目的地，各类自然保护区总面积 1396.65 km^2，有 1 个世界地质公园、4 个国家森林公园、4 个国家水利风景区、20 个国家 AAAA 级旅游景区和亚洲最大红叶景区、亚洲最大地下溶洞群，素有“中国中西部国际大都市之间的生态绿岛”之美誉。

这里自然资源富集。巴中市有各类野生动植物 2400 余种，收录进《国家药典》的道地药材 98 种，被称为“秦巴山区天然药库”，是久负盛名的“中国银耳之乡”“中国南江黄羊之乡”“中国芦笋之乡”“中国核桃之乡”，被联合国教科文卫组织誉为“四川盆地北缘山地重要生物基因库”。

秀美巴中，养生福地。愿巴中美好资源为世人所共享！感谢中国气象学会对巴中申报论证“中国气候养生之都”给予大力支持！感谢四川省气候中心参编人员对本书出版倾注大量心血！巴中市人民政府及有关部门为本书出版提供了数据和图片，这里一并表示衷心感谢！

编　者

2019 年 11 月

目 录

第 1 章　巴中概况

1.1　地理位置

巴中市地处四川盆地东北部，四川与陕西两省的交界地区，扼巴蜀门户，有“秦川锁钥”之称。地跨东经106°21′～107°45′，北纬31°15′～32°45′。东邻达州，南接南充，西抵广元，北接陕西汉中。市辖通江、南江、平昌三县，巴州、恩阳两区和2个经济开发区，面积1.23万km^2。市政府所在地巴州区，西距成都310 km，北距西安566 km，南距重庆341 km，是成都、重庆、西安三大城市的几何中心，位于成渝、关天两大经济区的粘合地带，辐射四川，连接西部，延伸全国，区位优势突出。

1.2　地形地貌

巴中市属典型的盆周山区（图 1.1），境内全部山脉来自大巴山西段与米仓山复合部的南麓，沿川、陕省界逶迤南下。总体地势由北向南呈三级阶梯状构造，海拔逐渐降低。平均海拔北部在 1000 m 以上，中部 700 m，南部 500 m。最高点位于西北部的南江县光雾山，海拔 2507.0 m；最低点在南部平昌县黄梅溪，海拔268.3 m，全市相对高差2238.7 m。境内地形起伏大，地貌复杂，受河流的蜿蜒切割，从北到南呈中山、低山、深丘和浅丘区分布。其中，中山、低山区占辖区面积的 90%，主要分布在市域北部、中部；丘陵、平坝占辖区面积的 10%，主要分布在南部、沿河两岸及台状山顶；此外，境内还分布有流水侵蚀、沉积、扇形地貌和重力堆积、残积地貌及喀斯特地貌。

图 1.1　巴中市山地地貌

1.3　河流水文

巴中市河流除南江县北部的焦家河属嘉陵江一级支流外，

其余均属渠江水系巴河流域。境内河流均呈南北流向，树枝状分布。大小河流共有 1100 多条，流域面积在 1000 km^2 以上的主要河流有巴河、南江河、恩阳河和通江河等 7 条，100 km^2 以上的有 45 条，50 km^2 以上的有 86 条，河流总长 4342 km，河网密度达 0.33 km/ km^2。其水利资源极其丰富，全市水资源由地表水和地下水构成。多年平均水资源总量 71.68 亿 m^3，其中地下水资源量 9.05 亿 m^3，人均水资源占有量 1800 m^3。

1.4　植被土壤

巴中市自然植被资源丰富，森林覆盖率达 62.1%（图 1.2），接近全国平均水平的 3 倍。森林植被主要为常绿落叶阔叶混交林、针叶林、竹林和灌丛林。植物种类繁多，种子植物 3000 余种，乔灌木 300 多种，其中包括一些珍稀树木，如银杏、红豆杉、鹅掌楸、巴山榧、巴山水青冈等，草、藤本 400 多种，源于植物的中草药 1300 多种。北部森林成片的较多；中部、南部的森林亦有零星分布但层次结构不明显。土壤类型多样，可划分为水稻土、紫色土、黄壤、冲积土、黄棕壤、石灰岩土 6 个土类，10 个亚类、22 个土属、61 个土种。从全市各县区土壤分布来看，水稻土、紫色土、黄壤、冲积土各县区均有分布，其中平昌县水稻土、紫色土分布面积最大，南江县黄壤分布面积最大；黄棕壤主要分布在恩阳区、通江县、南江县，以通江县分布面积最大；石灰岩土则仅分布在通江、南江两县。土壤优势在于成土母质优良，无先天性重金属超标土壤，发展绿色生态农业基础良好。

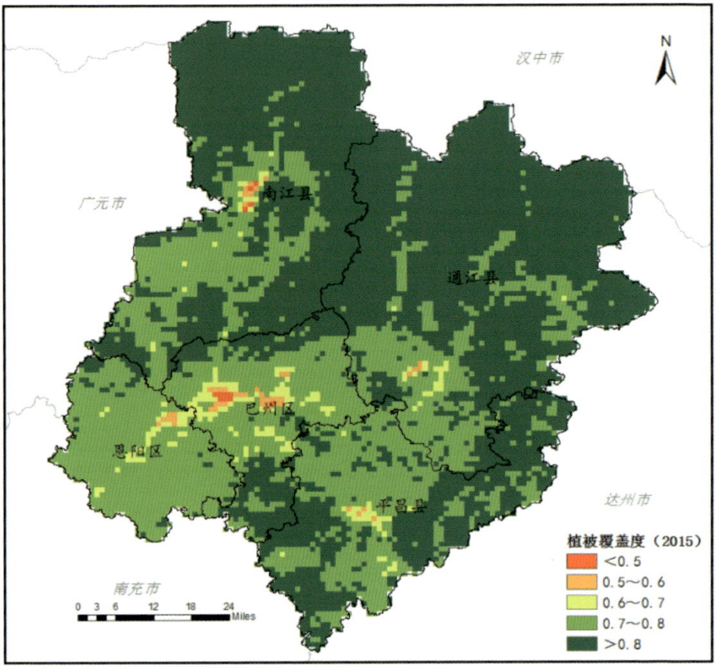

图 1.2　巴中市植被覆盖度示意图

1.5　交通运输

巴中市地处中国版图腹心，成渝西三大中心城市的几何中心，承东启西，南北交汇，自古就是通三秦达西南的交通要道，米仓古道纵贯南北。今天的巴中，更是“丝绸之路经济带”和“长江经济带”的重要通道，川东北旅游区重要的集散中心，连接成渝、关天两大经济区的重要地带。其大力推行交通发展先行战略，2018 年恩阳机场建成通航后，全市“6 纵 6

横 3 环 1 航”为骨架的“畅达高效、安全便捷、绿色智慧”现代综合立体交通体系初步形成，交通条件全面改善，通行能力显著提高（图 1.3）。截至 2019 年底，境内公路总里程达到 18 525 km，铁路营运里程 128.7 km，公路通村率达 100%，总体实现“市域内半小时经济圈、周边市 1 小时经济圈、成渝

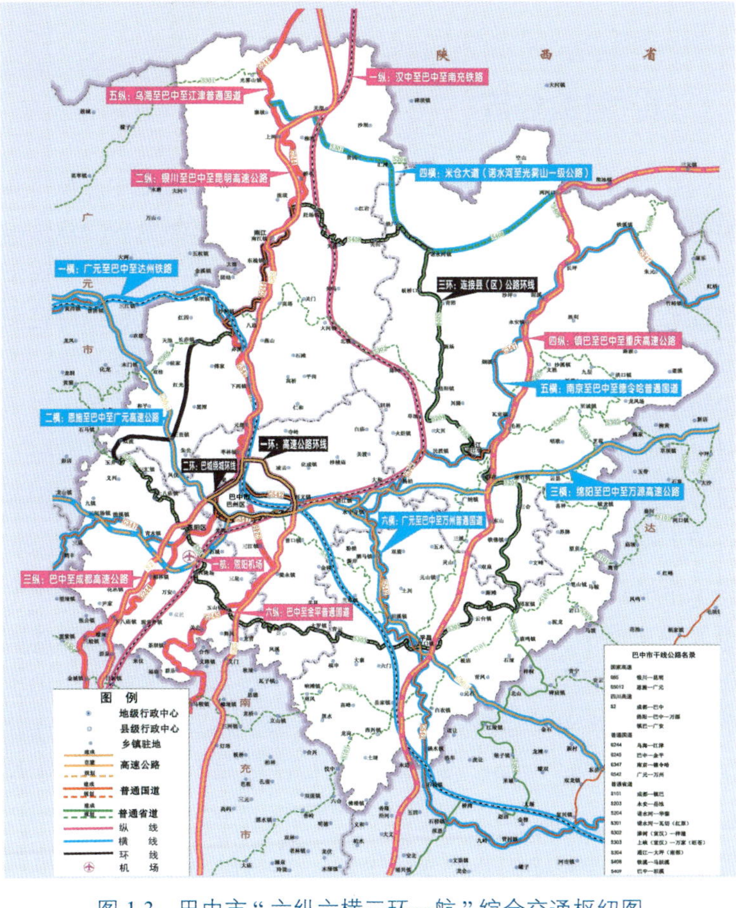

图 1.3　巴中市“六纵六横三环一航”综合交通枢纽图

第 1 章　巴中概况

西 3 小时经济圈”，紧密地融入全国全球交通物流大网络。随着巴陕高速全线通车，汉巴南快速铁路、巴万高速、苍巴高速、米仓大道的加快建设和镇广高速的快速推进，巴中作为四川东向北向开放“桥头堡”和川陕渝地区南下北上“一带一路”重要枢纽联结地的交通区位优势日益凸显。

1.6 社会经济

作为国家确定的秦巴山片区区域发展与扶贫攻坚中心城市和原川陕苏区中心城市，巴中市抢抓《秦巴山区区域发展与扶贫攻坚规划》《川陕革命老区振兴发展规划》实施机遇，以脱贫攻坚统揽经济社会发展全局，以供给侧结构性改革为主线，以绿色崛起为路径，加快建设川陕革命老区振兴发展示范区。近年来，巴中市牢固树立“绿水青山就是金山银山”的理念，认真落实高质量发展要求，发挥绿色资源优势，坚定走生态优先、绿色发展路子，统筹做好稳增长、调结构、促改革、惠民生、防风险、保稳定等各项工作，全市经济持续健康发展，社会大局和谐稳定。近年来，巴中市生产总值每年均以超过 7.5% 的速度稳步递增。2018 年全市城镇化率 41.41%，同比提高了 1.31 个百分点。全市完成地区生产总值（GDP）645.88 亿元，增长 8.0%；三次产业结构由上年的 15.5∶48.8∶35.7 调整为 15.2∶49.0∶35.8，一、二、三产业分别同比增长 98.27 亿元（3.7%）、316.39 亿元（9.4%）和 231.22 亿元（8.1%）；社会消费品零售总额 321.45 亿元、增长 11.9%；城镇居民人均可支配收入 30 816 元、增长 8.9%，城乡居民可支配收入 12 002 元、增长 9.6%。图 1.4 为 1993—2018 年巴中市地区生产总值及增长速度。

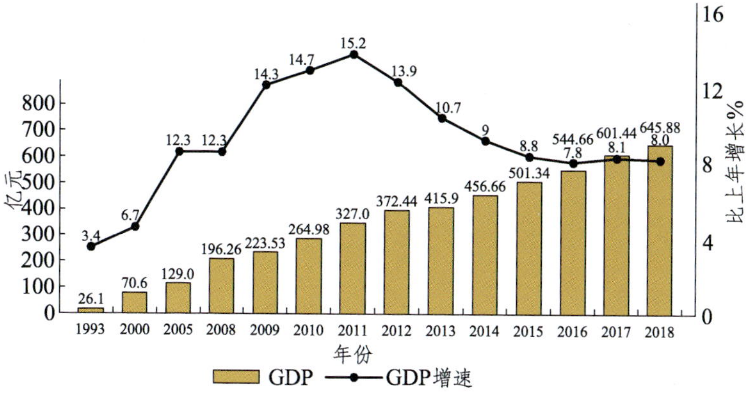

图 1.4　1993—2018 年巴中市地区生产总值及增长速度

1.7　资源状况

1.7.1　生物资源

巴中生物资源丰富，全市已知野生脊椎动物 332 种，属国家重点濒危、珍稀的野生动物 20 余种；全市已知维管束植物 2104 种，源于植物的中草药 1386 种，其中包括一些珍稀树木，如银杏、红豆杉、鹅掌楸巴山榧、巴山水青冈等，特别是南江的光雾山原始森林保存完好，被联合国教科文组织称为“四川盆地北缘山地重要生物基因库”。林副特产品丰富，银耳、香菇、核桃、板栗、银杏、生漆、杜仲、黄柏、厚朴等畅销 36 个国家和地区，通江县陈河乡被誉为“中国银耳之乡”。林下蕨菜、山露菜等已批量出口日本、新加坡等国。

1.7.2　地热资源

巴中地质构造形迹以褶皱为主，地质成矿条件好，特别是地热（温泉）资源得天独厚，除具有热储规模大、稳定性强、水温适度（40 ~ 60℃）等优势特点外，水质更富含氟、锶、氡、偏硅酸、偏硼酸等多种有益人体医疗康养的微量元素，以“温泉养生”为核心的健康疗养产业发展前景被社会各界普遍看好，其中南江县马跃溪地热探矿权于2016年成功投放市场并获得了较大的经济和社会效益。

1.7.3　旅游资源

根据《旅游资源分类、调查与评价》（GB/T 18972—2017），全市主要旅游资源涵盖标准中8大主类的全部类型，涉及23个亚类中的20个亚类和110个基本类型中的58个基本类型，主要资源单体达到377个。其中，以地质景观、自然生态为代表的光雾山 - 诺水河世界地质公园，以红色文化为代表的川陕苏区王坪烈士陵园，以米仓古道、荔枝古道为代表的蜀道，以石刻艺术为代表的南龛石窟，资源价值达五级。现有1个世界地质公园、国家级风景名胜区（光雾山 · 诺水河），20个国家AAAA级旅游景区，4个国家森林公园（米仓山、空山、天马山、镇龙山），4个国家水利风景区（化湖、江口水乡、玉湖、柳津湖）；有全国最大的红军烈士陵园、红军石刻标语群和红军将帅碑林。积淀巴文化、三国文化、隋唐文化的米仓古道纵贯南北，分布月亮岩等新石器时代遗址7处。全市共有不可移动文物3406处，可移动文物93748件；全国重点文物保护单位5处72点，省级文物保护单位64处83点。非遗保护项目涵盖了16个大类169个子项的所有项目，其中国家级2个、省级14个，“巴山茅山歌”入列中国四大情歌；有国家级历史文化名镇2个（恩阳镇、白衣镇）、省级历史文化名城2个（通江县城、巴州区），省级历史文化名村2个（大佛寺村、水宁寺镇始宁村），国家级民间文化艺术之乡1个、省级民间文化艺术之乡10个，国家级传统村落27个。

1.7.4 医疗资源

“十三五”以来，全市医疗卫生事业取得了长足的进步，有力地推动了巴中市康养产业的蓬勃发展。覆盖城乡的医疗卫生服务网络基本建成，全市建成三级甲等综合医院1家，三级乙等综合医院3家，二级综合医院7家，三级乙等中医医院1家，二级中医（含中医专科）医院4家，乡乡有达标卫生院，村村有合格卫生室。全民健康信息平台建成使用，实现省、市、县三级互联互通，信息共享，正式迈入了医疗信息化时代，全市创建星级数字化医院12家，互联网医院1家。2018年，全市共有医疗卫生机构3274个，医疗卫生机构房屋建筑面积143.83万 m^2；医疗卫生机构万元以上设备9430台，同比增长12.75%；从业人员23 551人，同比增长4.36%，其中卫生技术人员16 783人，卫生技术人员中高级职称809人，中级职称2111人；每千人拥有医疗机构床位5.69张，同比增长0.46张。巴中市开通了“空中120”，医疗救援服务辐射广元、达州、广安等地，成为四川省四大航空医疗救援的基地之一。未来，巴中市将以互联网+为抓手，推进智慧医院建设。将家庭医生手机APP、三级远程医疗会诊系统等纳入区域信息化技术建设，逐步覆盖全市并向村卫生室等下级医疗机构延伸，患者将能够更好地享受到国内外高水平高质量便利医疗服务。

第 2 章　气候宜人

2.1　气候类型　影响系统

资料选取了 1961—2018 年巴中 4 个县（区）气象观测站的气温、降水、日照时数、相对湿度、风速、气压等逐日资料，以及 2009—2018 年巴中 218 个区域自动站气温、降水、风速、气压、相对湿度的逐小时资料，分析巴中区域气候特征和舒适度。气象资料来源于四川省气象探测数据中心。

巴中市位于四川盆地东北部，地处大巴山系米仓山南麓，属亚热带季风气候。全区多年平均气温 17.0 °C，1 月份平均气温 5.8 °C，7 月份平均气温 27.2 °C，四季分明；无霜期长，气候温和，适宜农、林、牧、渔业的发展；降水充沛，多年平均降水量为 1143.3 mm，雨热同步满足了各种生物良好的生长条件，塑造了巴中地区优美的生态环境；光照较好，多年平均日照时数为 1381.5 小时，有利于农业生产发展；多年平均气压为 964.6 hPa，气压条件平稳，适宜居住康养及旅游；多年平均相对湿度 76.8%，湿度条件适宜，对人体和动植物生长十分有益；多年平均风速 1.1 m/s，温和的风使人精神焕发，心情舒畅。

巴中市地处亚热带季风区，受多种天气气候系统及高原大地形的影响。一般情况下，巴中市主要受南亚高压、西太平洋副热带高压、青藏高压、高原低涡、西南低涡的影响。其中，南亚高压是行星尺度系统，副热带高压、高原低涡为天气尺度系统。并且，南亚高压一般出现在 100 hPa，副热带高压和低涡位于 500 hPa。不同时空尺度，不同层次，不同性质的天气系统既相互联系，又相互制约，它们的新生、变化和消亡过程演绎了巴中市各种各样的天气。

1. 南亚高压

南亚高压是夏季出现在青藏高原及邻近地区上空的对流层上部的大型高压系统，具有行星尺度的反气旋环流，是对流层上部的暖高压，在其北侧是西风急流，南侧是副热带东风急流，高压中心风场较弱。南亚高压并不直接影响降水变化，但其环流的异常及调整，可以通过影响中低层系统变化进而引起旱涝发生。川渝地区大范围的异常涝（干旱）与南亚高压环流辐散强（弱）以及中低层环流的分布有密切联系。500 hPa 上，巴中一带为低纬度北上的偏南气流，并与从北方南下的冷气流汇合于盆地东部上空，形成冷暖交汇，这样的气流配置，有利于在巴中上空生成槽、切变等降水系统，从而使降水偏多。700 hPa 上，川渝盆地上空为显著的偏北气流，在盛夏期间，由于四川盆地是西南气流的水汽输送必经之地，如果与北方冷空气汇合，就更容易形成降水，因此，这种从低到高层的环流配置，造成巴中地区的降水异常。

2. 西太平洋副热带高压

西太平洋副热带高压位于西北太平洋上，是副热带大型环流系统，它的强弱变化及其南北和东西位置的进退摆动，受西风带槽脊和东风带系统的制约和影响，是副热带环流调整的主要表现。西太平洋副热带高压和西太平洋、东亚地区的天气变化有着极其密切的关系，其强弱和位置变化对巴中市夏季降水的分布型和旱涝趋势有重要影响。巴中暴雨过程的发生与副高进退关系密切，无论西太平洋副高北跳西伸还是东退南撤，只要到达适中的位置，中纬地区又有低值系统（如冷涡、低槽、切变线等）东移，均可带来强降水过程，且这些系统不同强度和位置的配置，直接决定了暴雨的落区和强度。当贝加尔湖地区为长波槽区，槽底位于河套偏北地区，高原常有扰动东移，当带有明显暖中心的小高压或高脊从高原东南移与副高合并，将使副高突然西伸北抬，中低层加强的暖湿气流与北部地区弱的偏北气流交汇于盆地中东部，此类暴雨主要集中在盆地中东部，突发性强，极易造成山地灾害。

3. 青藏高压

青藏高原地区在 500 ~ 100 hPa 内均为高压系统，且由于高压系统产生于青藏高原的加热作用。通常将夏季 500 hPa 天气图上，青藏高原区域常存在一闭合的高压环流系统，称之为青藏高压，强度一般为 588 位势什米，也可达 592 位势什米。研究表明，青藏高压大多是伊朗高压脊东伸进入高原，在高原地区发展形成的，约占青藏高压的 60%，分两种表现形式，一是伊朗高压分裂成小高压移上高原，二是伊朗高压脊东伸控制青藏高原后分裂，在高原上遗留一闭合的高压系统。在青藏高压控制范围内，多是干热天气。当其逐渐向东移动，与西太平洋副高合并，使西太平洋副高加强西伸，或者北抬，而在青藏高压后部则常有暴雨发生。

4. 高原低涡

高原低涡是指出现在青藏高原主体上空 500 hPa 等压面上的气旋性涡旋。它的水平尺度 500 km 左右，垂直厚度 1 ~ 3 km。它一般在青藏高原的西半部产生，消失于高原的东半部。也有些高原低涡会东移出高原主体，引发中国广大地区产生暴雨、大暴雨，造成灾害性天气。巴中位于青藏高原以东，受高原低涡影响大，高原低涡活动位置与四川降水的关系密切，高原低涡在高原上越向东活动对巴中降水影响越大。

5. 西南低涡

西南低涡是 700 或 850 hPa 等压面上的气旋性环流或有闭合等高线的低涡，是一个尺度约为 300 ~ 500 km 的中尺度系统，属 α 尺度涡旋。西南低涡是在青藏高原特殊地形条件下，在一定的环流形势下产生的，通常发生于我国青藏高原东侧 100° ~ 108°E，26° ~ 33°N 范围内。西南低涡是影响巴中天气的重要系统之一。当它东移发展时，雨区扩大，雨强增大，主要给巴中带来降水天气。此外，当西南低涡与其他系统配合时，还可以造成大风、冰雹等灾害性天气。

此外，巴中市位于北亚热带季风性落叶阔叶、常绿阔叶林气候带与中亚热带季风性常绿阔叶林气候带交界线上，兼具两种气候带特征。这一区域降水充沛，属于森林景观类型，冬温夏热、气温季节变化显著，季节分配比较均匀，无明显干季。按行星风系的气候分带，这里属副热带高压带控制的干旱区，但由于海陆差异及青藏高原隆起所导致的温压场的改变，季风环流改变了近地面层行星风系的环流系统，变干旱的大陆性气候为湿润的亚热带季风气候，变干旱的荒漠景观为湿润的常绿阔叶林景观。

2.2 气温适宜 冬温夏凉

气温是对人体影响最敏感的气象要素之一，对人体体温的调节起着重要作用，是人们日常生活生产中最为关注和依赖的气象要素之一。

从全市加密区域气象站近年来的监测数据结果看（图 2.1），

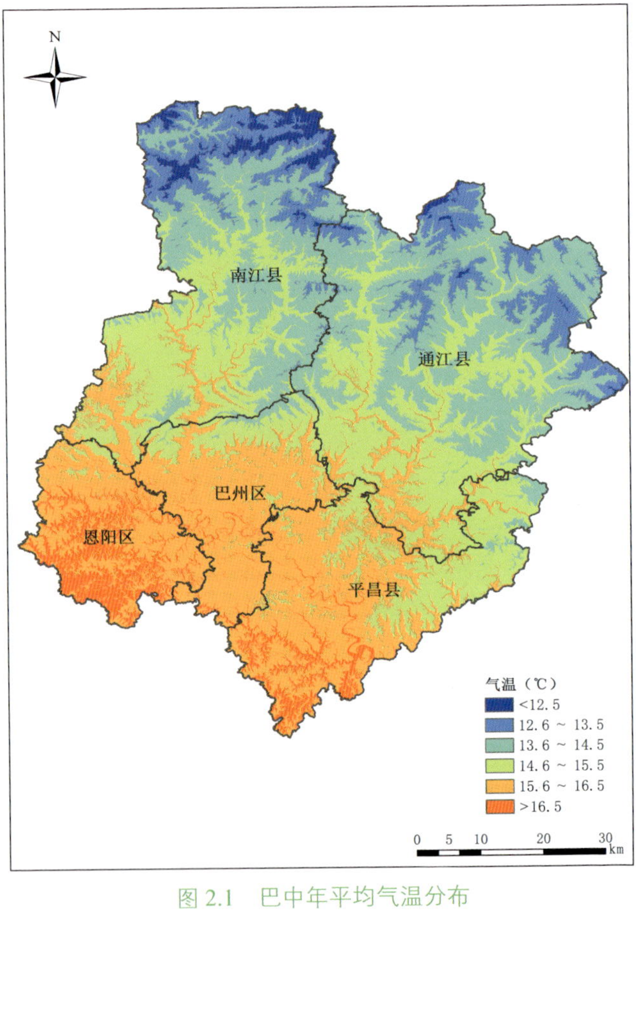

图 2.1 巴中年平均气温分布

巴中年平均气温呈现北低南高的分布形势，北部深切割中山和中切割中山海拔 1200 m 以上，平均气温为 10.9 ~ 13 °C；中部中切割低山海拔 800 ~ 1000 m，平均气温为 13.1 ~ 14.6 °C；中部低山，大多海拔 400 ~ 800 m，平均气温为 14.7 ~ 15.9 °C；南部丘陵及平坝分布在海拔 200 ~ 600 m，平均气温为 16.0 ~ 17 °C。巴中境内地形起伏变化导致气温垂直分布差异较大，年平均气温呈现随海拔高度增加而逐渐降低的变化特征（图 2.2）。

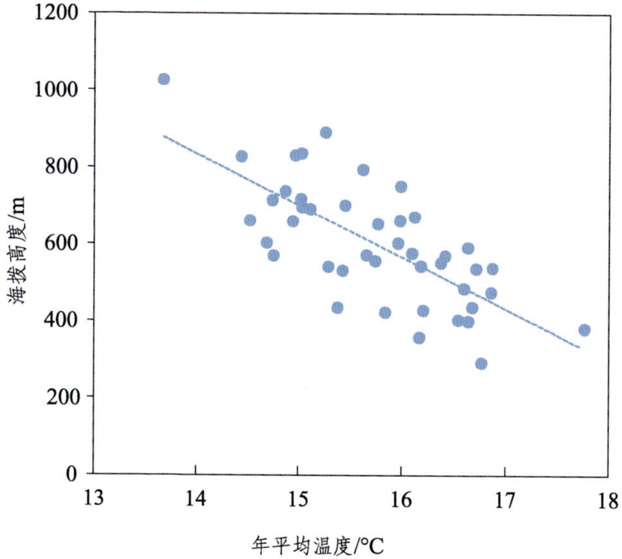

图 2.2　巴中 2014—2018 年区域气象自动站年平均气温随海拔高度变化

巴中四季平均气温分布形势较一致，与年平均气温分布形势相似，均呈现北低南高的分布形势（图 2.3）。其中春季大部分区域平均气温为 13 ~ 17 °C，夏季大部分区域平均气温在 22 ~ 25 °C，秋季大部分区域平均气温在 13 ~ 16 °C，冬季大部分区域平均气温在 4 ~ 7 °C。四季中春、夏、秋季的平均气温基本处于年适宜温度（15 °C ≤日平均气温≤ 25 °C）中；冬季气温稍低，但基本在 4 °C 以上，体感无寒意。

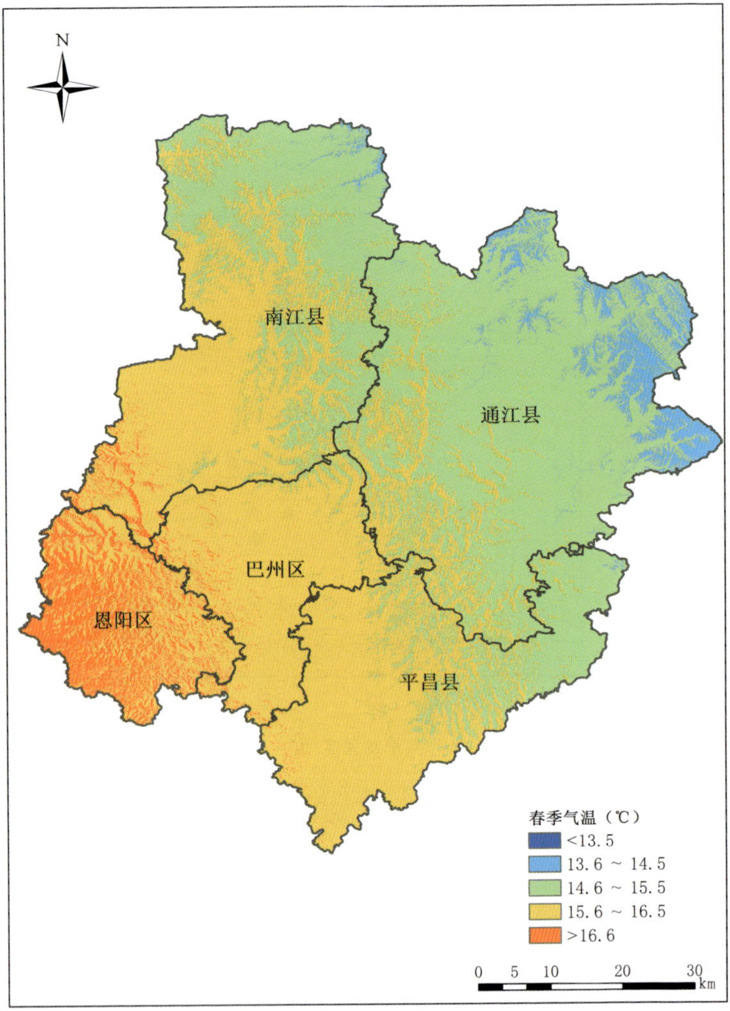

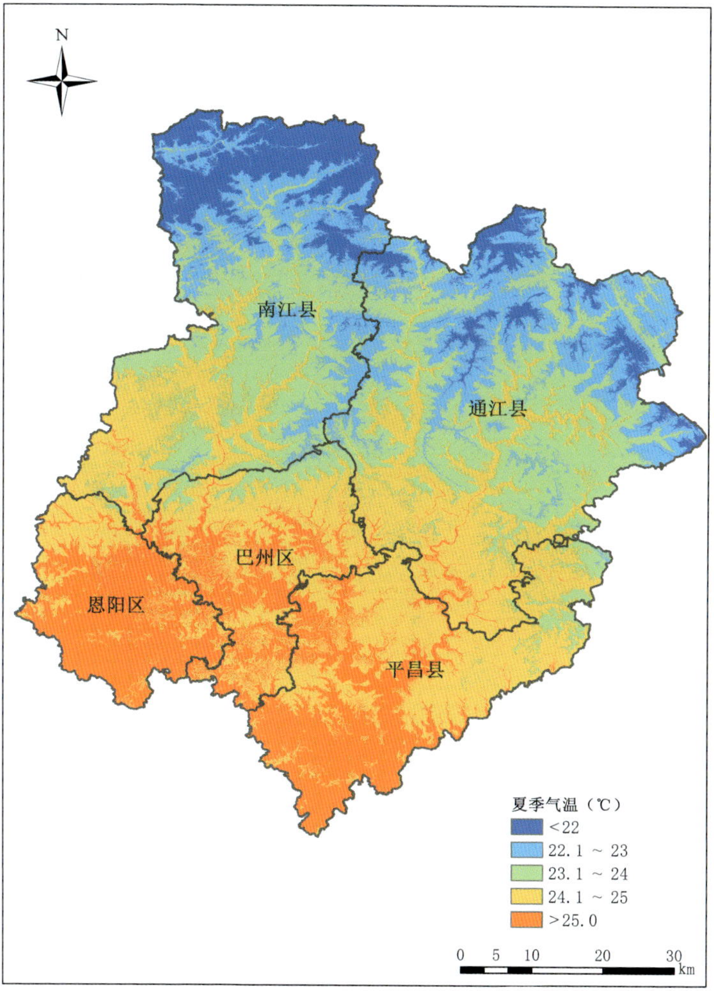
N
南江县
通江县
巴州区
恩阳区
平昌县
夏季气温（℃）
<22
22.1 ～ 23
23.1 ～ 24
24.1 ～ 25
>25.0
0
5
10
20
30
km

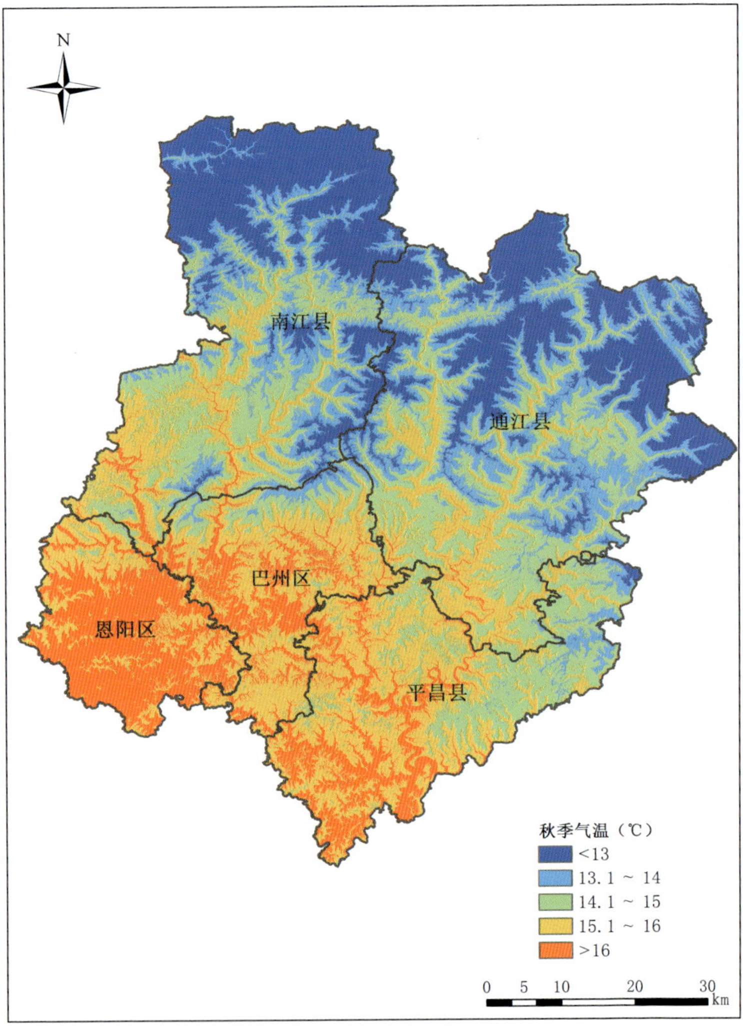
N
南江县
通江县
巴州区
恩阳区
平昌县
秋季气温（℃）
<13
13.1 ~ 14
14.1 ~ 15
15.1 ~ 16
>16
0 5 10 20 30
km

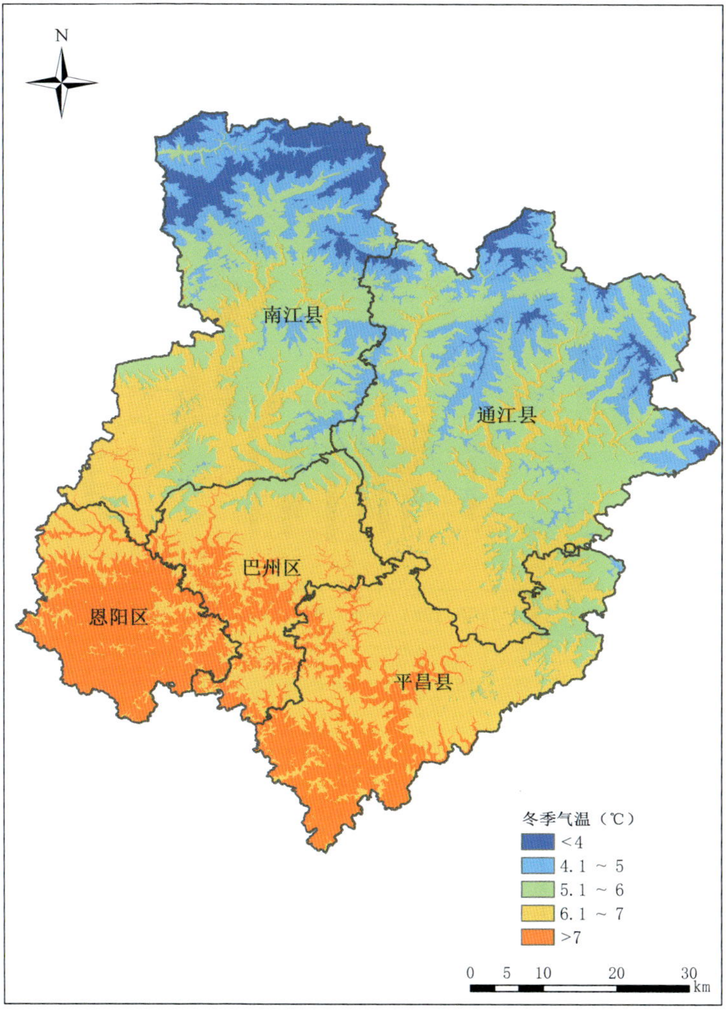

图 2.3　巴中四季平均气温分布

在全球气候变暖背景下，近 58 年（1961—2018 年）巴中年平均气温呈增暖趋势，速率为每 10 年增暖 0.02 ℃（图 2.4）。巴中四季分明，四季平均气温分别是 16.8 °C（春季）、26.0 °C（夏季）、17.0 °C（秋季）、6.8 °C（冬季）。四季变化趋势略有不同，其中春秋冬季呈现增温趋势，夏季呈现降温趋势，具体表现为巴中酷暑天气逐年减少，同时严寒天气也趋于减少，未来更适宜康养（图 2.5）。

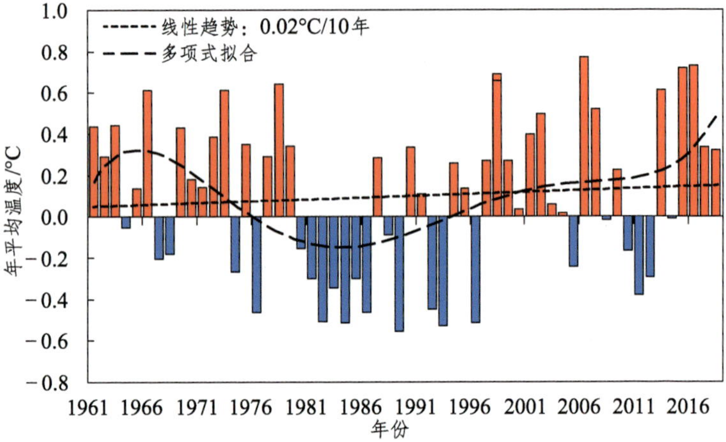

图 2.4　1961—2018 年巴中年平均气温距平逐年变化

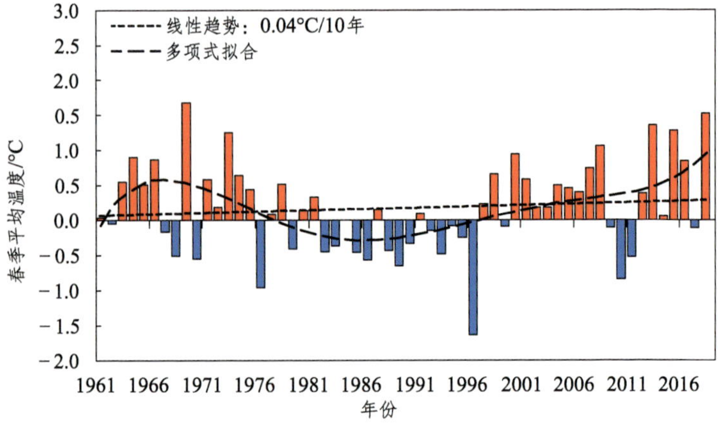

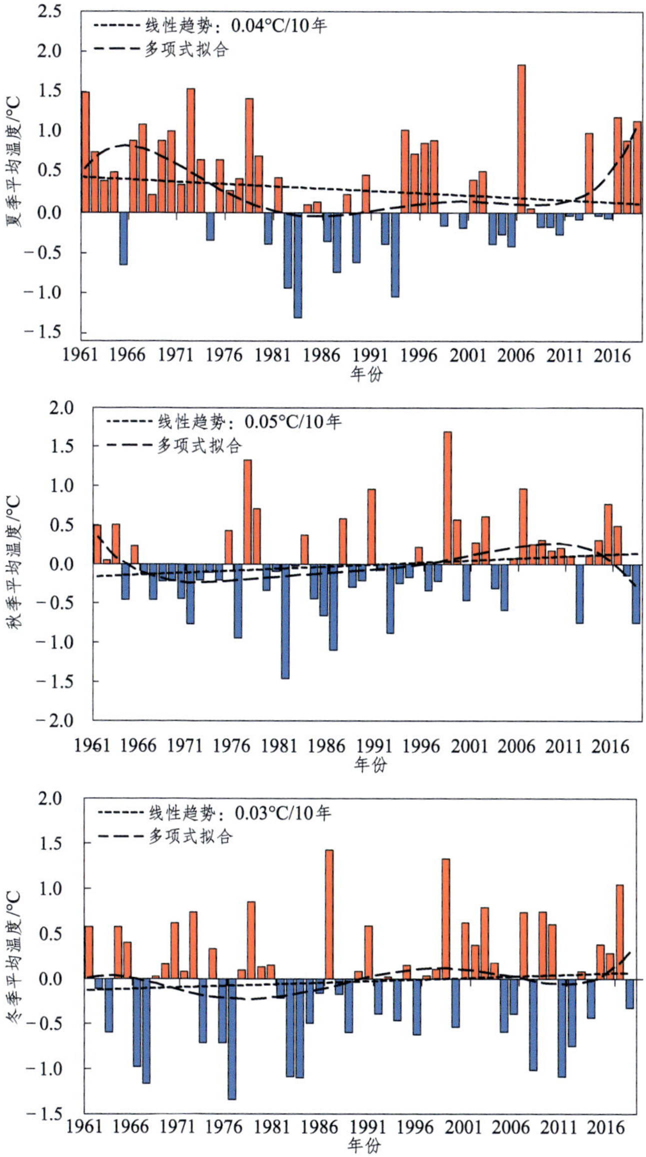

图 2.5　1961—2018 年巴中四季平均气温距平逐年变化

全市无严寒。巴中冬季平均最低气温为 3.9 °C，最高年（1987 年和 2017 年）为 5.2 °C，最低年（1963 年）为 1.9 °C（图 2.6）。全年最冷月为 1 月，平均气温 5.8 °C，平均最低气温 3.0 °C；最冷月（1 月）总体感觉虽有凉意，但并不寒冷（图 2.7）。即使是有气象资料记录以来出现过的极端最低气温 – 7.2 °C（出现在

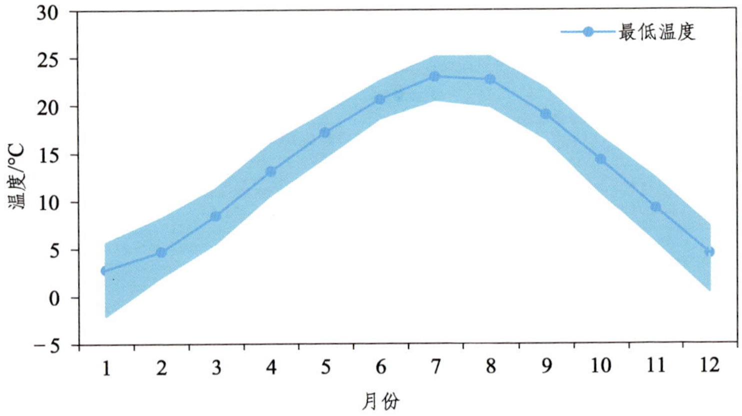

图 2.6　巴中地区平均最低气温月变化（色带为巴中各县气温变化范围）

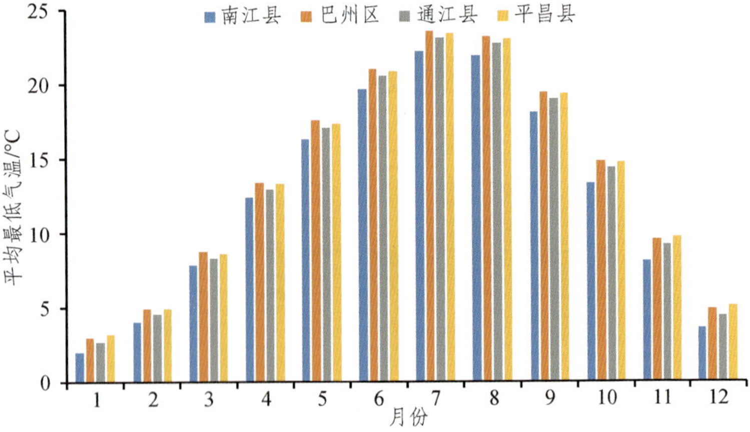

图 2.7　巴中各站平均最低气温月变化

2016 年 1 月 25 日通江）也是人体所能忍受的温度，最冷月气候温和，体感不冷。巴中冬季平均最高气温为 10.8 °C，最高年（1963 年和 1999 年）为 12.9 °C，最低年（1984 年）为 9.2 °C。从气候变化角度来看，巴中市近 58 年（1961—2018 年）冬季平均最低气温呈显著上升趋势，增温速率为 0.12 °C/10 年（图 2.8），与其他季节相比，增速最大；冬季平均最高气温呈弱上升趋势，增温速率为 0.06 °C/10 年（图 2.9）。

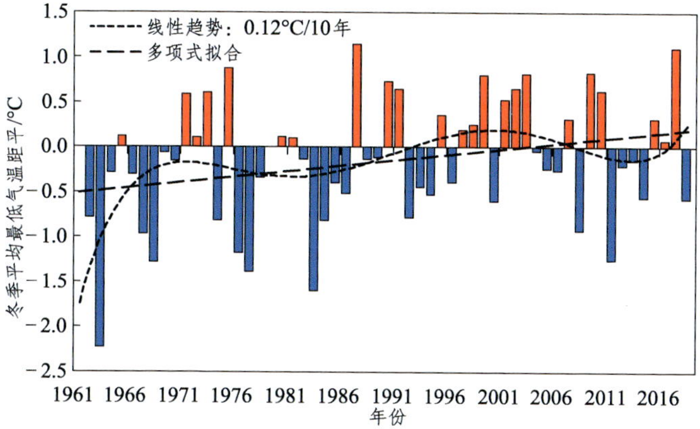

图 2.8　1961—2018 年巴中冬季平均最低气温距平逐年变化

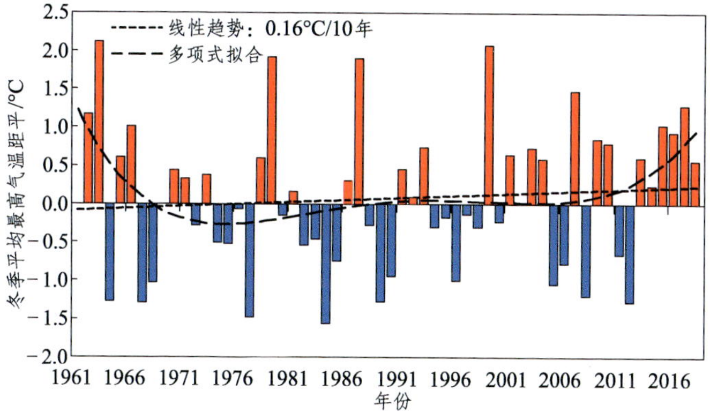

图 2.9　1961—2018 年巴中冬季平均最高气温距平逐年变化

全市无酷暑。巴中市近58年多年平均最高气温为21.4 °C（图2.10）。其中，夏季平均最高气温为32.9 °C，最高年（2006年）为33.5 °C，最低年（1983年）为28.8 °C；最热月份为7月，平均最高气温32.1 °C。从月平均气温分布来看，最热月（7月）气温相对不高，酷暑天气较少（图2.11）。巴中

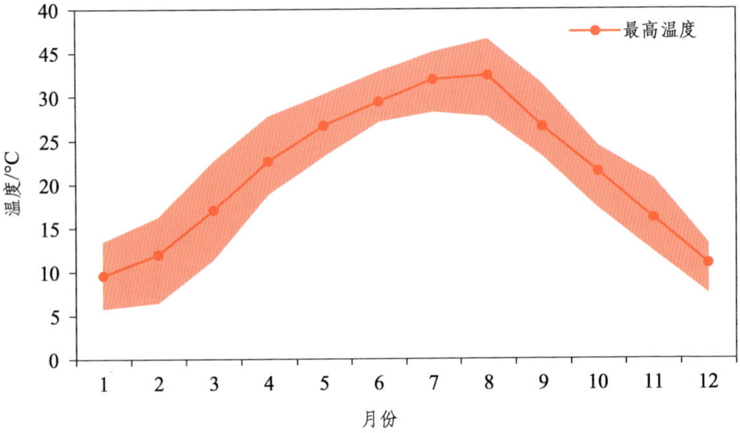

图2.10　巴中区域平均最高气温月变化（色带为巴中各县气温变化范围）

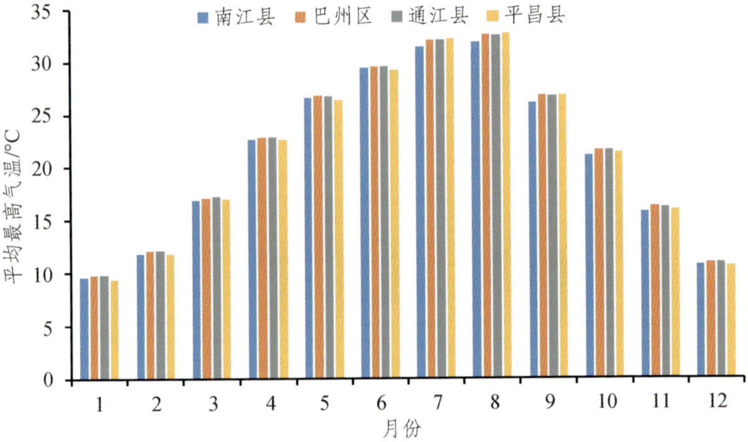

图2.11　巴中各站平均最高气温月变化

市夏季平均最低气温为 22.1 °C，最高年（2006 年）为 23.1 °C，最低年（1965 年）为 21.2 °C。从气候变化角度来看，巴中市近 58 年（1961—2018 年）夏季平均最高气温呈不显著上升趋势，增温速率为 0.08 °C/10 年，与其他季节相比，增速较小（图 2.12）；夏季平均最低气温呈不显著上升趋势，增温速率为 0.02 °C/10 年，与其他季节相比，增速较小（图 2.13）。

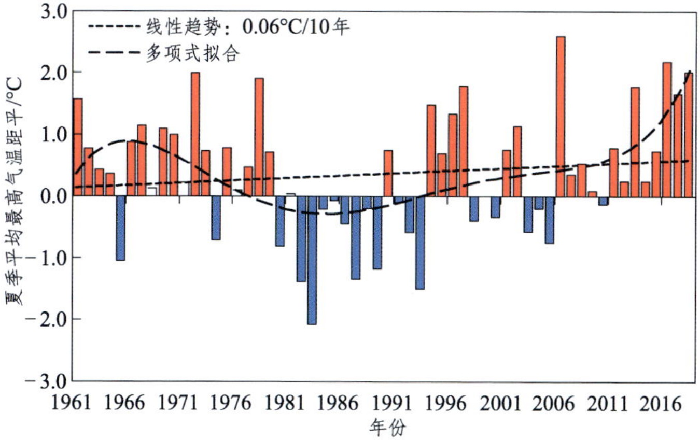

图 2.12　1961—2018 年巴中夏季平均最高气温距平逐年变化

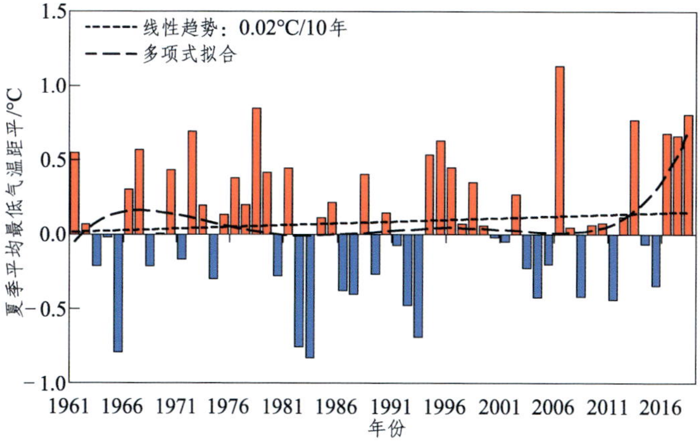

图 2.13　1961—2018 年巴中夏季平均最低气温距平逐年变化

气温日较差小，适宜康养。巴中 1 月平均最高气温为 9.7 °C，7 月平均最低气温为 23.0 °C，年平均气温日较差为 8.2 °C，近 58 年（1961—2018 年）逐年平均气温日较差呈上升趋势，变化速度为 0.05 °C/10 年（图 2.14）。

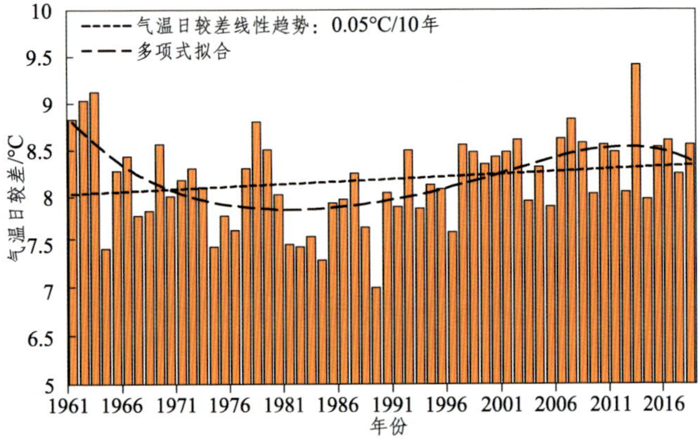

图 2.14　1961—2018 年巴中气温日较差逐年变化

以人体感觉最舒适的环境温度（15 ~ 25 °C）为标准统计，巴中常年有近 143.9 天在这个温度范围内，且近 58 年巴中适宜温度的日数呈现增加趋势，增速为 1.8 天 /10 年（图 2.15）。巴中气温条件舒适平和，夏无酷暑，冬无严寒，非常适宜旅游休闲康养。

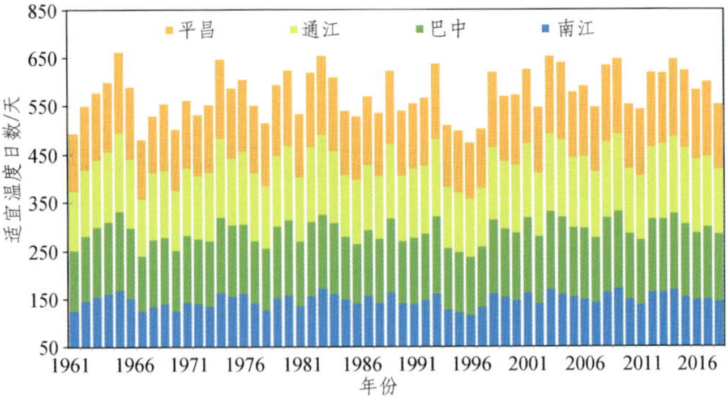

图 2.15　1961—2018 年巴中适宜温度（15 ~ 25 °C）日数

从以上全市月平均气温、年平均最高、最低气温，最冷月气温和最热月气温时空分布特征及年、四季历史变化来看，巴中四季无严寒、无酷暑、气温舒适，四季如春。

2.3　降水丰沛　生机勃勃

从全市加密区域气象站近年来的监测数据结果看，受山地气候影响，巴中市年降水变化空间差异大，年降水量大体呈现自东北向西南递减的分布形态（图 2.16）。北部深切割中山和中切割

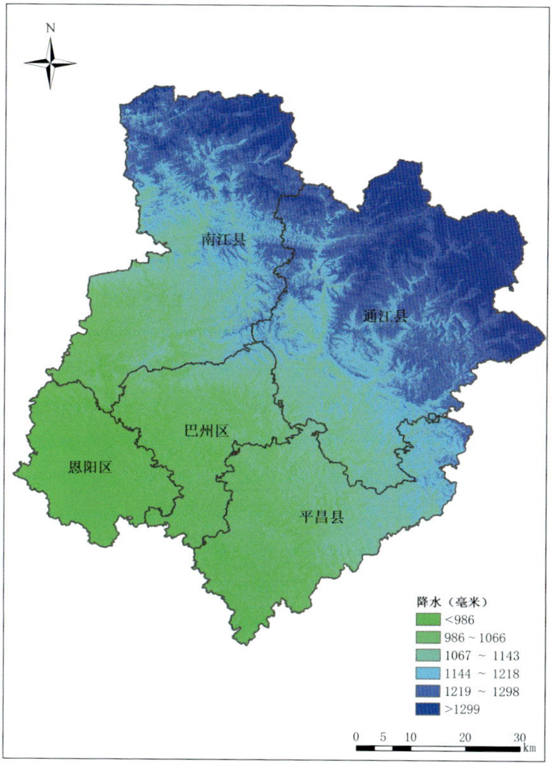

图 2.16　巴中年降水量分布

中山海拔 1200 m 以上，年降水量为 1299 ~ 1482 mm，中部中切割低山海拔 800 ~ 1000 m，年降水量约为 1100 mm。中部低山大多海拔 400 ~ 800 m，年降水量约为 1000 mm。南部丘陵及平坝分布在海拔 200 ~ 600 m，年降水量约为 950 mm。巴中四季降水分布形势也存在差异（图 2.17），夏季和秋季降水呈现自东北向西南递减的分布形态，春季呈现自东向西递减的分布形态，冬季呈现自西南向东北递减的分布形态。其中春季大部分区域降水范围在 200 ~ 300 mm，夏季大部分区域降水在 400 ~ 600 mm 区间，秋季大部分区域降水范围在 300 ~ 450 mm，冬季大部分区域降水在 50 mm 以下。

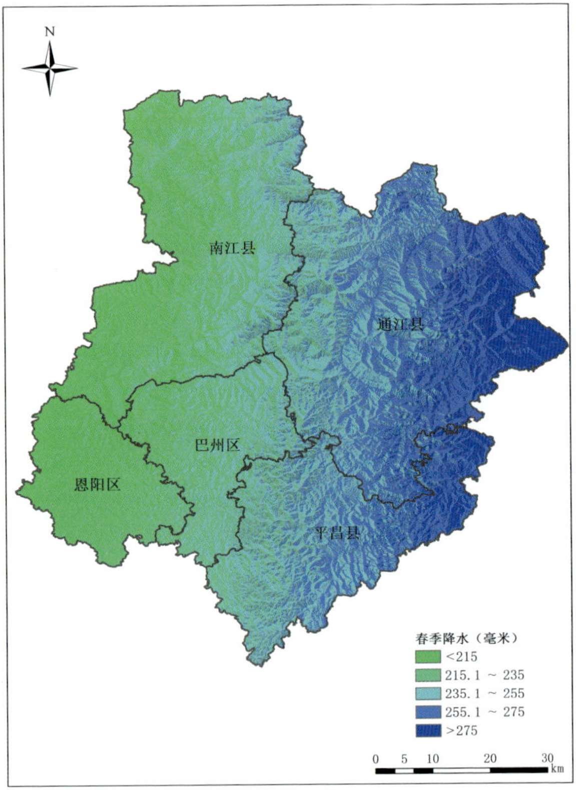

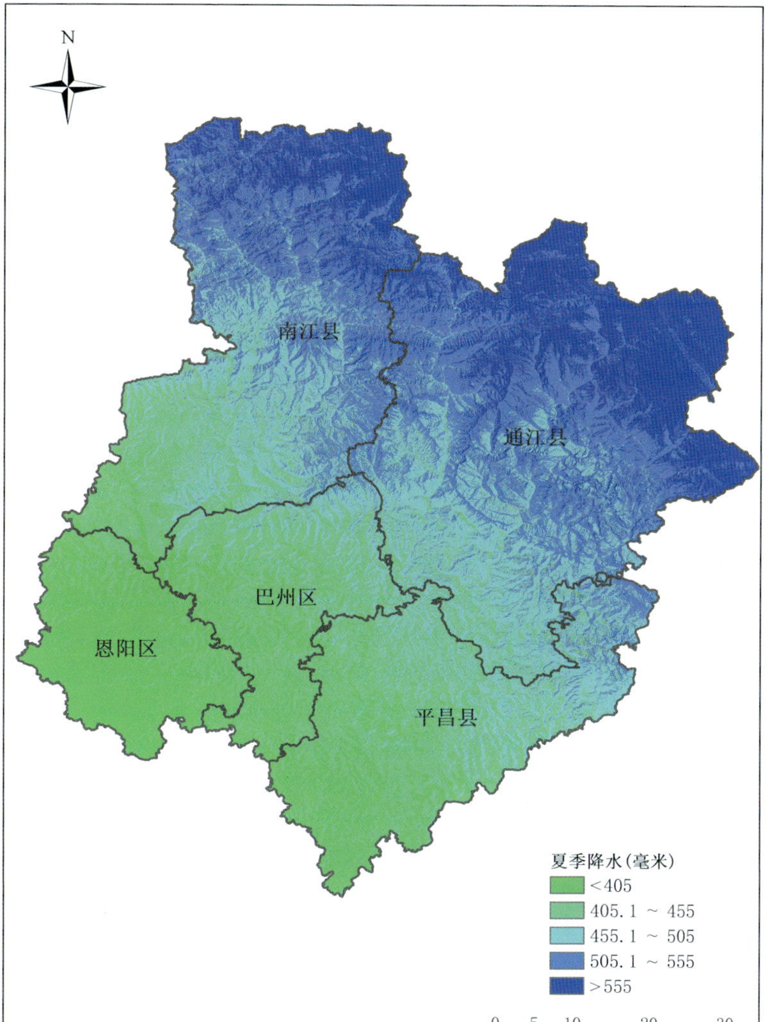
N
南江县
通江县
巴州区
恩阳区
平昌县
夏季降水(毫米)
<405
405.1 ~ 455
455.1 ~ 505
505.1 ~ 555
>555
0 5 10 20 30
km

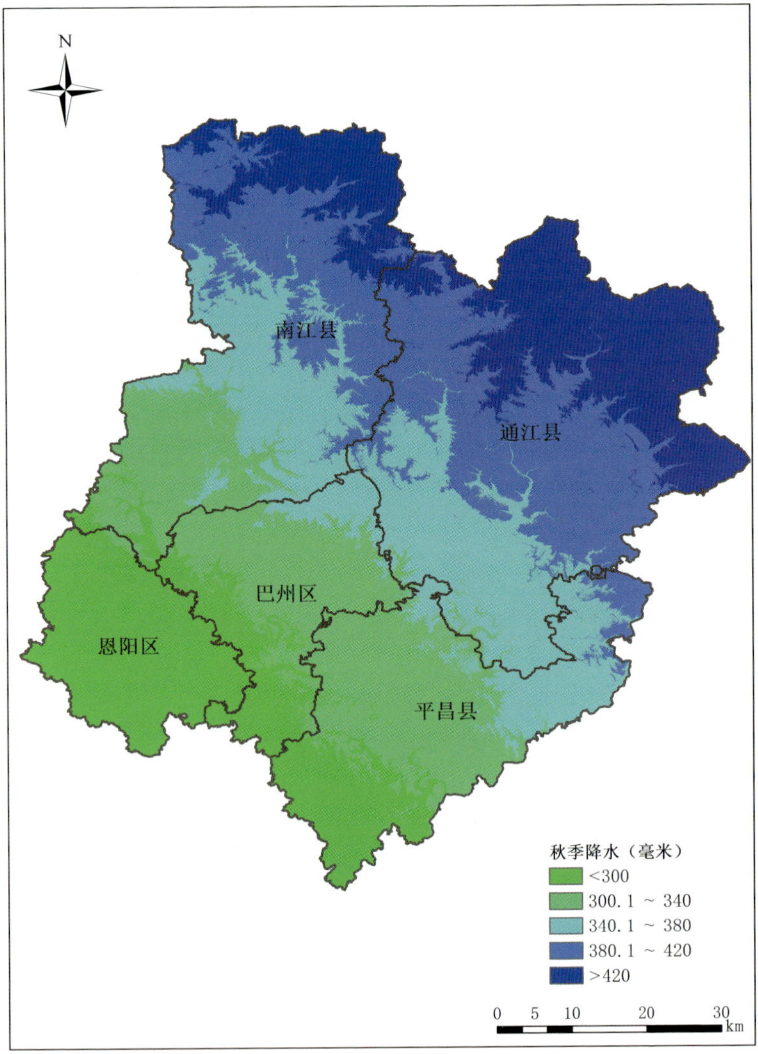
N
南江县
通江县
巴州区
恩阳区
平昌县
秋季降水（毫米）
<300
300.1 ~ 340
340.1 ~ 380
380.1 ~ 420
>420
0 5 10 20 30
km

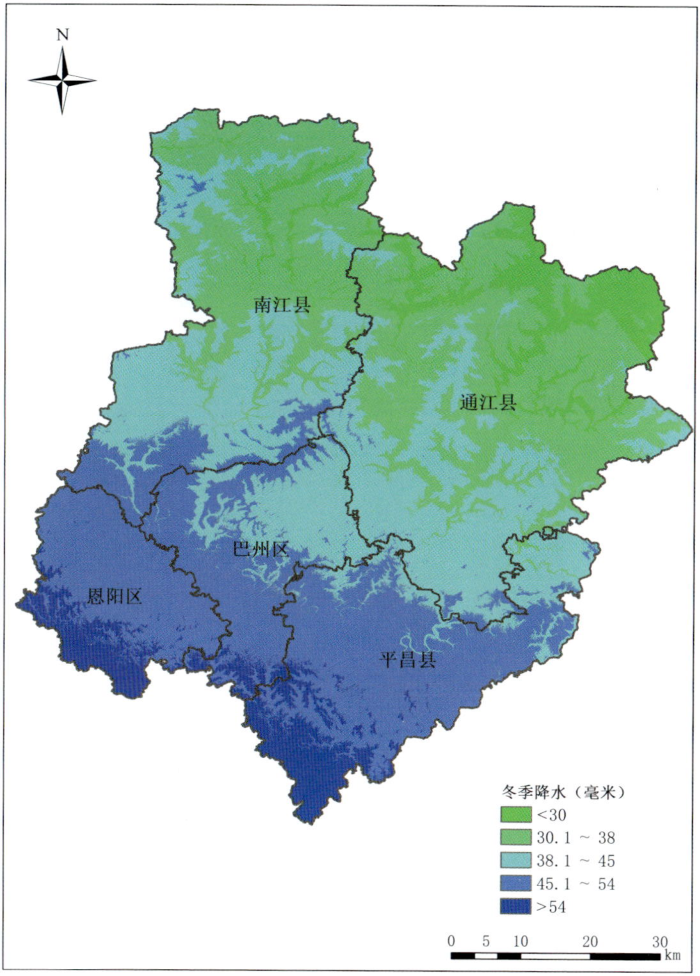

图 2.17　巴中四季降水分布

昼晴夜雨。巴中全市阴雨日数偏多，且夜雨出现频率高，夜雨量占总降水量的 51.5%，这个比例明显高于以夜雨著称的重庆城口（45.5%）（图 2.18）。巴中大部分时间“雨夜不雨昼”，使得“巴山夜雨”的独特气候为世人称道。巴中近三年平均夜雨日数占全年平均雨日数的72.3%，让巴山大地四季青山绿水，常年蓝天白云（表2.1）。多夜雨的天气（尤其是夏季）就像天然淋浴，既可降温，又可清新空气，提高能见度，非常有利于出行和旅游。

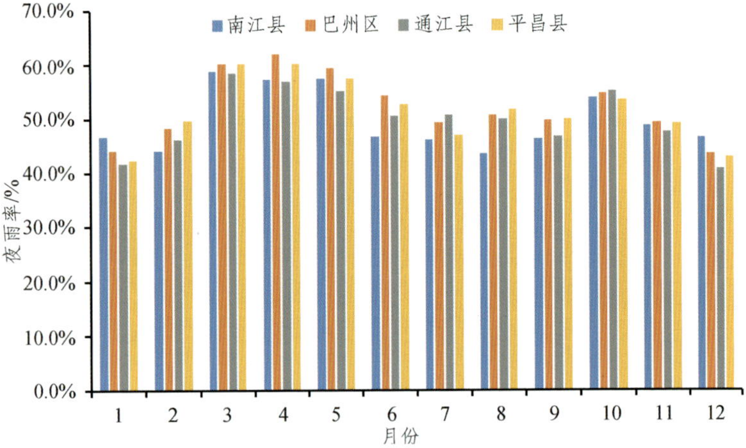

图2.18 巴中各县各月夜雨率变化

表2.1 巴中近三年夜雨日数占比

站点	2016年	2017年	2018年	平均
通江县	67%	70%	60%	65.7%
巴州区	65%	75%	75%	71.7%
平昌县	73%	79%	74%	75.3%
南江县	73%	84%	73%	76.7%
平均	69.5%	77%	70.5%	72.3%

巴中降水充沛，雨日适中。年总降水量为 1143.3 mm，最多年的降水量为 1720.5 mm（1983 年），最少年的降水量为 702.5 mm（1997 年）。近 58 年（1961—2018 年）巴中年总降水量呈增多趋势，速率为每 10 年增加 2.4 mm（图 2.19）。四季降水量分别为 240.0 mm（春季），547.0 mm（夏季），322.9 mm（秋季），33.6 mm（冬季），其中夏季占全年降水量的 47.8%（图 2.20）。

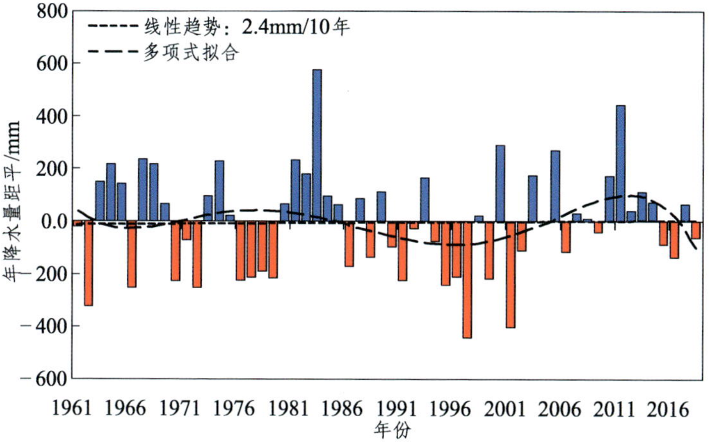

图 2.19　1961—2018 年巴中年降水距平逐年变化

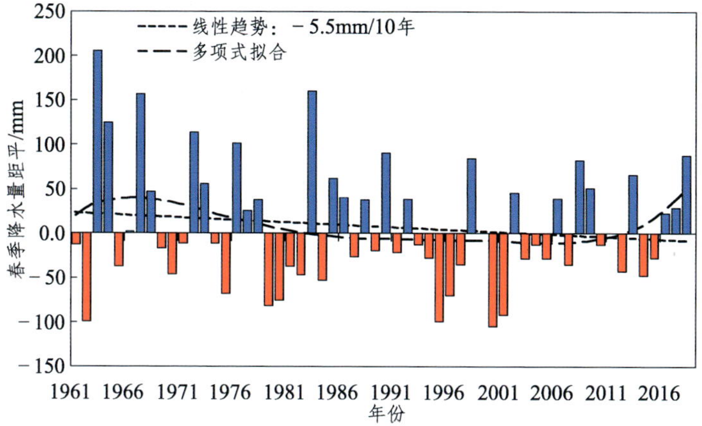

第2章　气候宜人

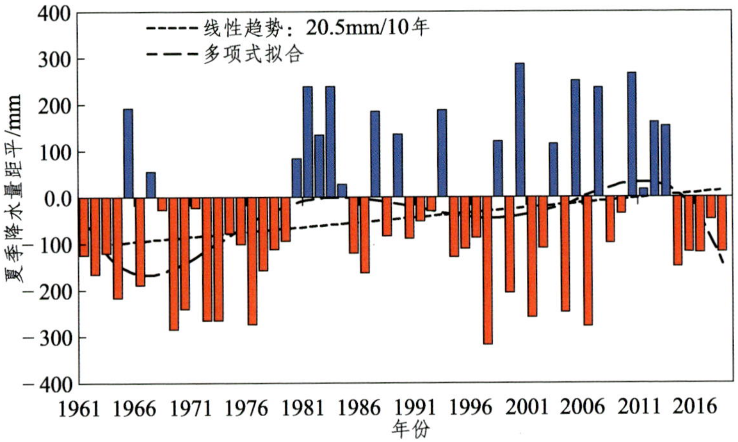

线性趋势：20.5mm/10年
多项式拟合
夏季降水量距平/mm
年份

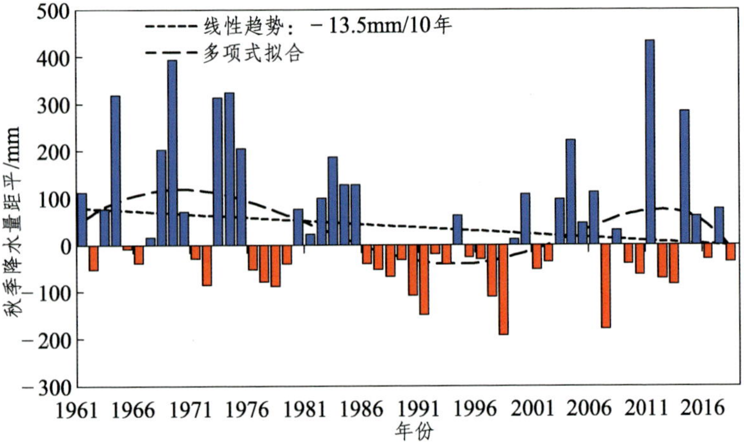

线性趋势：－13.5mm/10年
多项式拟合
秋季降水量距平/mm
年份

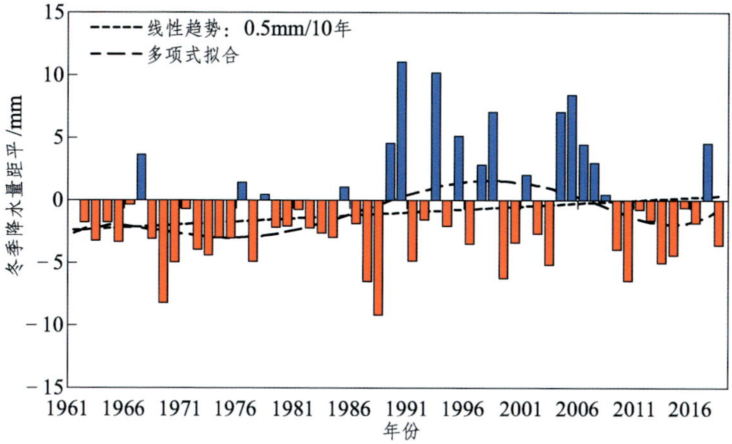

图 2.20　1961—2018 年巴中四季降水距平逐年变化

雨热均衡。巴中不仅降水丰富，且雨热资源配置也比较均衡，年内气温和降水的分配基本呈同步变化态势。从月降水量分布看（图 2.21），7 月最多（234.9 mm），9 月次之（192.0 mm），

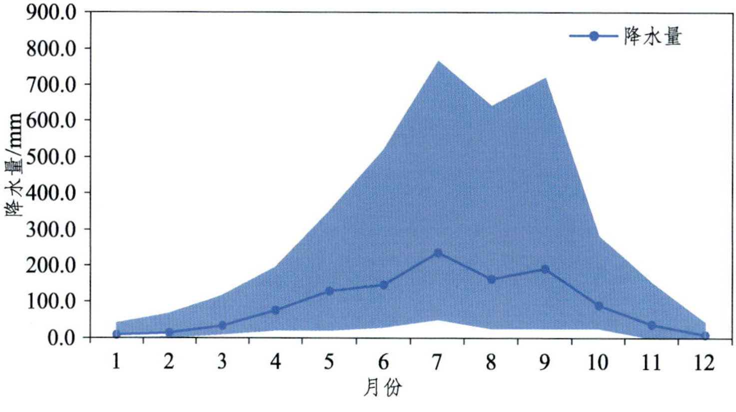

图 2.21　巴中降水量月变化（色带为各县降水变化范围）

1 月和 2 月降水量最少，分别为 9.0 mm 和 13.5 mm（图 2.22）。全年雨热配置的最大优势在于夏季极少出现夏旱现象（图 2.23）。自然的雨热同步资源配置，满足了各种生物良好的生长条件，塑造了巴中优美的生态环境。

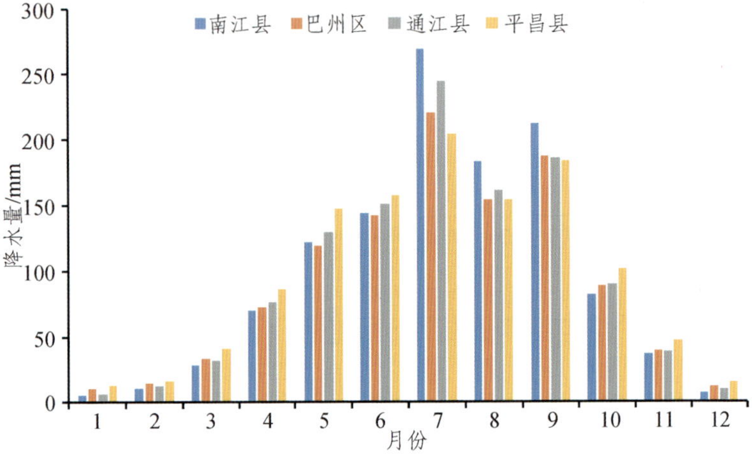

图 2.22　巴中各站降水量月变化

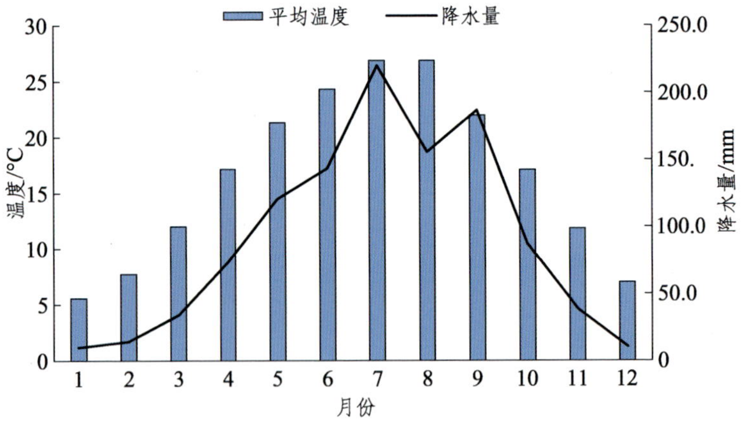

图 2.23　巴中市各月降水量与气温分布图

2.4 气压舒适 吐纳舒畅

巴中平均气压为964.6 hPa，秋（967.77 hPa）、冬（971.84 hPa）季略高，春（963.08 hPa）、夏（955.52 hPa）季略低。从多年月平均气压分布来看，全年成“U”形变化，最高月（12月）973.5 hPa，最低月（7月）953.8 hPa（图2.24）。从气压的年际变化看（图2.25），气压在近58年呈现显著减小的趋势，在20世纪90年代末期发生由高到低的突变，四季的变化与年平均变化一致（图2.26）。巴中气压条件平稳，适宜居住康养及旅游。巴中平均海拔南部500 m，中部700 m，北部1000 m以上。从国际自然医学会认定的全球五大长寿之乡和中国老年学会评选的77个中国长寿之乡的共同特征来看，这些长寿之乡的海拔大多在1500米左右的山地区域，此海拔高度的区域自然条件较优越：气候舒适，冷暖适中，物产丰富，植被茂密，负氧离子含量高，有利于人类居住和健康的需求，所以巴中大部区域都适宜康养。

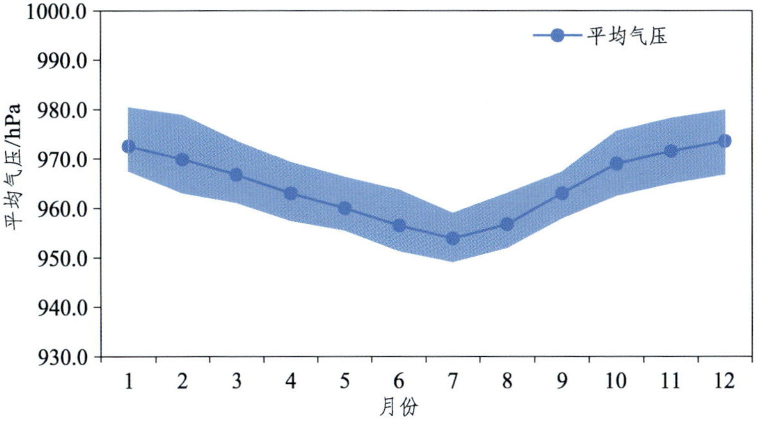

图2.24 1961—2018年巴中本站气压逐月变化（色带为各县气压变化范围）

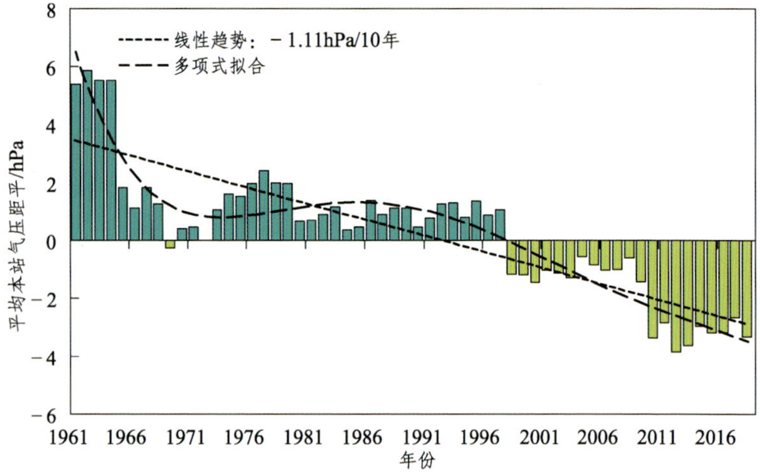

图 2.25　1961—2018 年巴中本站气压年际变化

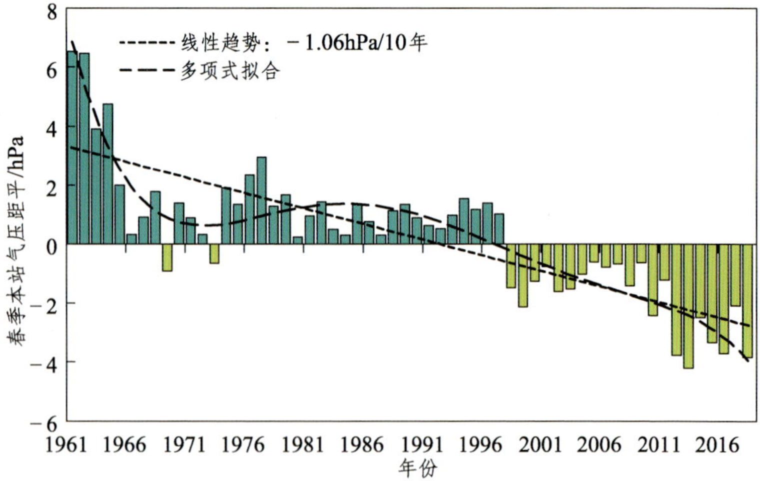

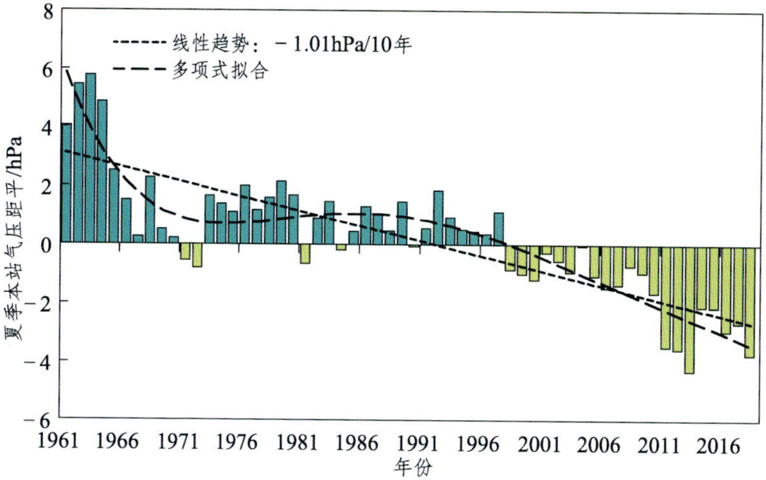
8
6
4
2
0
−2
−4
−6
夏季本站气压距平/hPa
线性趋势：−1.01hPa/10年
多项式拟合
1961
1966
1971
1976
1981
1986
1991
1996
2001
2006
2011
2016
年份

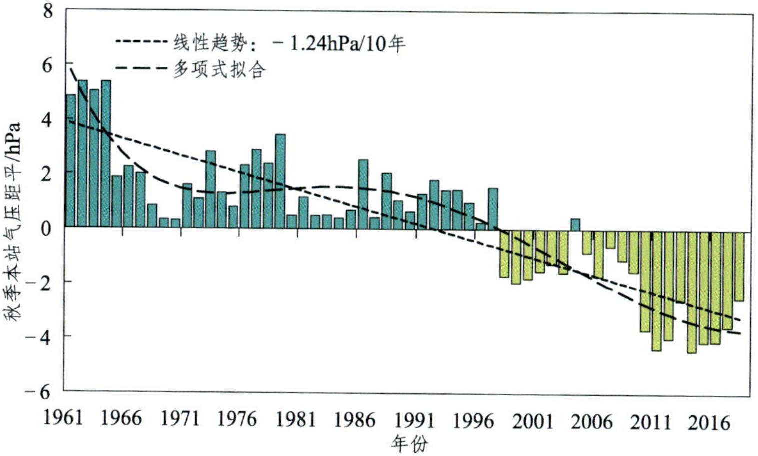
8
6
4
2
0
−2
−4
−6
秋季本站气压距平/hPa
线性趋势：−1.24hPa/10年
多项式拟合
1961
1966
1971
1976
1981
1986
1991
1996
2001
2006
2011
2016
年份

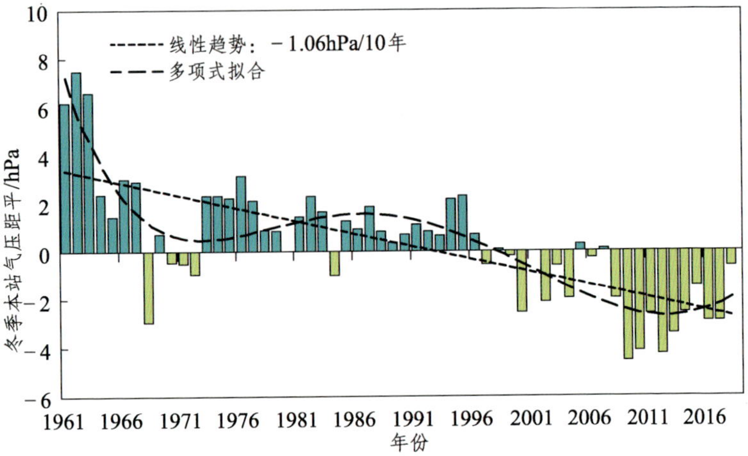

图 2.26　1961—2018 年巴中本站气压各季节年际变化

2.5　湿度适宜　滋润养颜

巴中年均相对湿度 76.8%，从空间分布上来看（图 2.27），巴中西部和南部相对湿度较大，大部在 80% 以上，北部和东部相对干燥。从月平均相对湿度分布来看（图 2.28），1—6 月略低，在 71.1% ~ 76.8%，其他月份略高，在 78.7% ~ 82.3%；从四季来看，秋季略高（81.9%），冬季（77.3%）次之，春（71.8%）、夏（74.8%）季略低。从相对湿度年际变化来看，相对湿度在近 58 年经历了干燥 - 湿润 - 干燥的年代际波动，20 世纪 60—70 年代相对干燥，80—90 年代偏湿润，21 世纪以来偏干燥（图 2.29）。巴中年适宜湿度（日平均相对湿度在 50% ~ 80%）为 245 天，在冬春季相对湿度适宜日数较多（每月大于 20 天）（图 2.30）。巴中湿度条件适宜，湿润的气候对人体和动植物生长十分有益，特别有利于女性养颜。

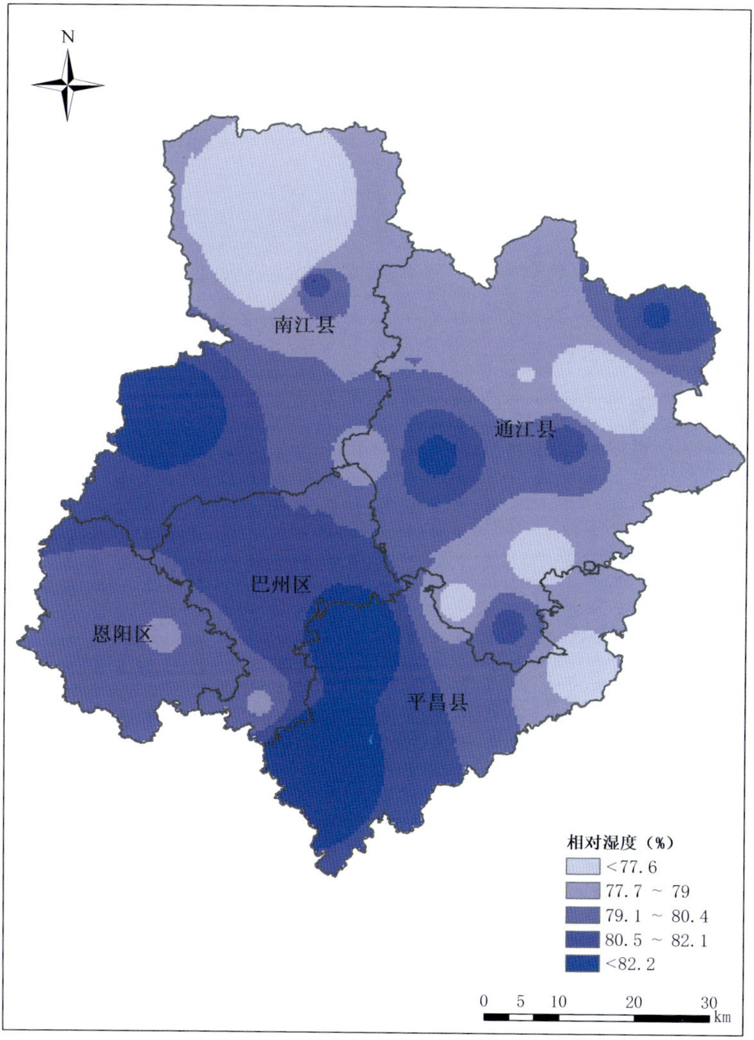

图 2.27　巴中相对湿度空间分布图

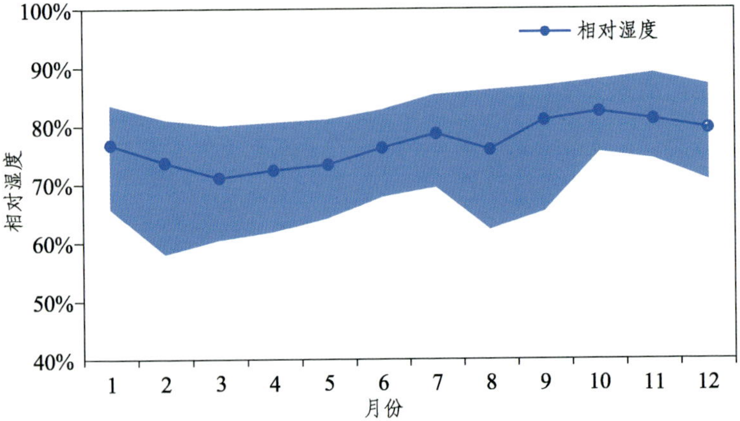

图 2.28　1961—2018 年巴中平均相对湿度逐月变化
（色带为各县湿度变化范围）

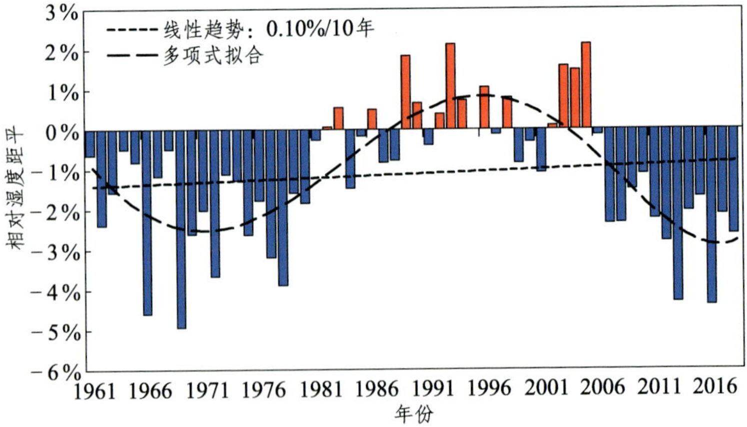

图 2.29　1961—2018 年巴中相对湿度年际变化

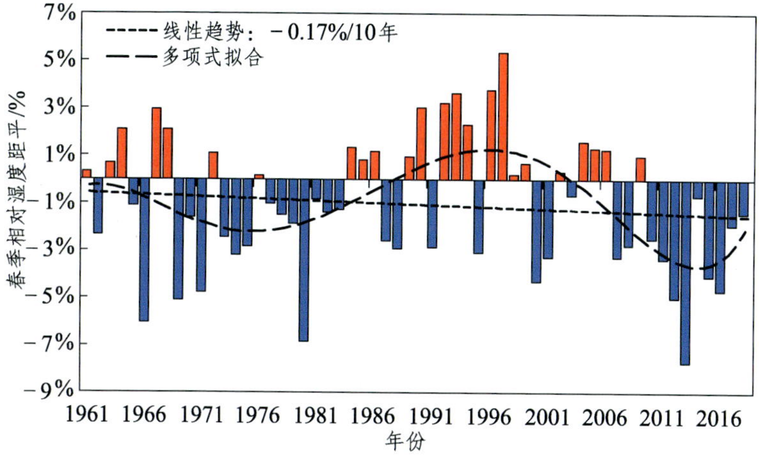
线性趋势：−0.17%/10年
多项式拟合
春季相对湿度距平/%
7%
5%
3%
1%
−1%
−3%
−5%
−7%
−9%
1961
1966
1971
1976
1981
1986
1991
1996
2001
2006
2011
2016
年份

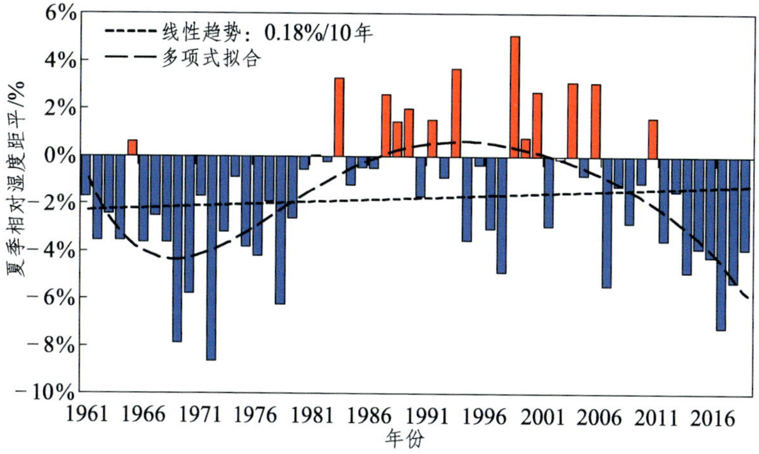
线性趋势：0.18%/10年
多项式拟合
夏季相对湿度距平/%
6%
4%
2%
0%
−2%
−4%
−6%
−8%
−10%
1961
1966
1971
1976
1981
1986
1991
1996
2001
2006
2011
2016
年份

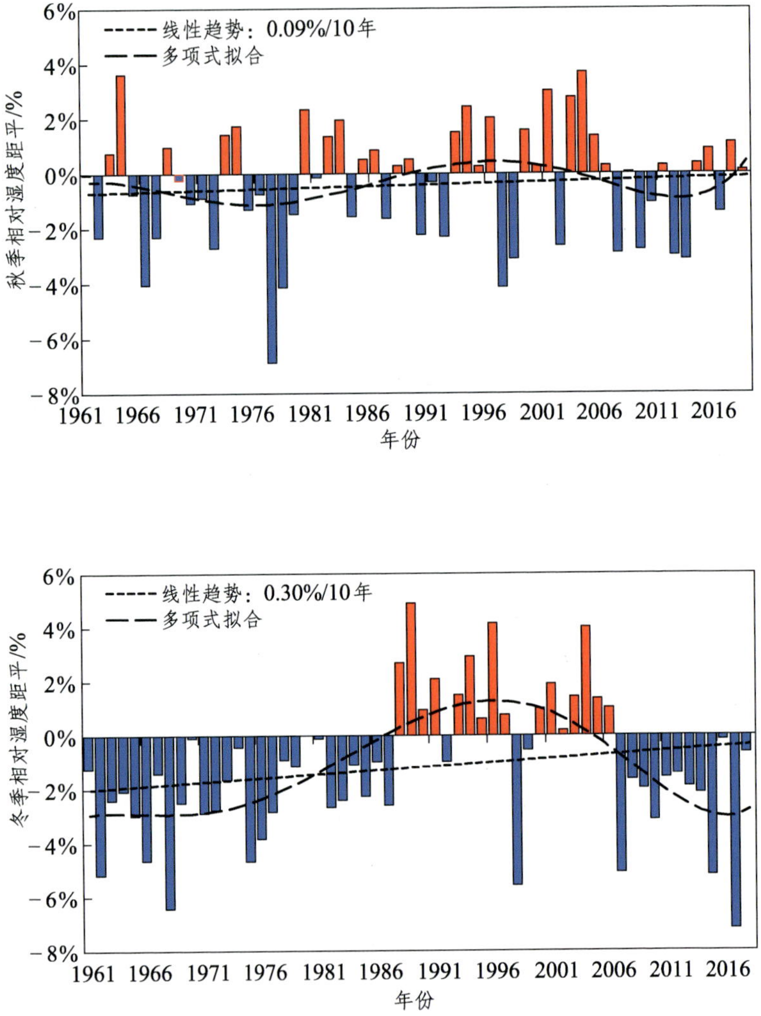

图 2.30　1961—2018 年巴中相对湿度各季节年际变化

2.6 风和日丽　心旷神怡

巴中年平均风速空间分布上表现为南部的恩阳、巴州、平昌以及北部的南江北部山区平均风速较大（1.4 ~ 2.6 m/s），而南江县南部和通江县普遍风速较小（0.5 ~ 1.3 m/s）（图 2.31）。

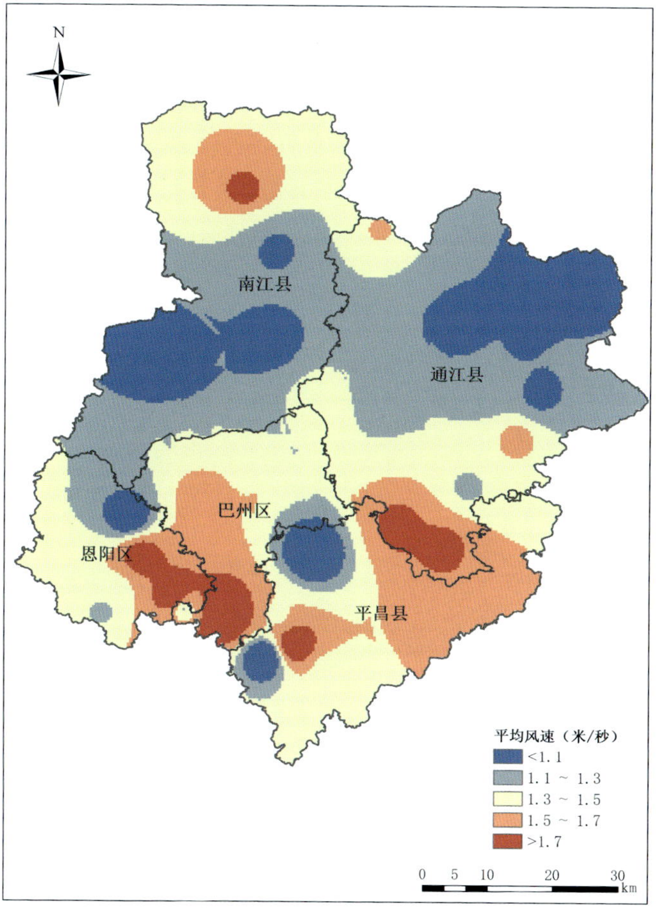

图 2.31　巴中平均风速空间分布图

巴中地区年平均风速 1.1 m/s，从月平均风速分布来看，最大月（4 月）平均风速 1.3 m/s，最小月（12 月）平均风速 0.9 m/s（图 2.32）。从四季看，春季（1.3 m/s）略大，夏季（1.2 m/s）次之，秋冬（1.0 m/s）季略小。从平均风速年际变化来看（图 2.33），风速在近 58 年呈现偏强 — 偏弱 — 偏强的年代际波动，20 世纪 60—80 年代中期相对偏强，80 年代后期至 21 世纪 00 年代中期偏弱，00 年代后期以来偏强。四季风速的年际变化与年平均风速年际变化一致（图 2.34）。巴中风速月平均适宜日数（日平均风速在 0.3 ~ 3.3 m/s）为 26.1 天，在春、夏和秋季风速适宜日数较多（每月大于 25 天），冬季大于 20 天。巴中通风散热条件良好，风力 1 ~ 2 级，属软轻风，夏多凉风、冬少寒风，温和的风使人精神焕发，心情舒畅，适宜居住养生。

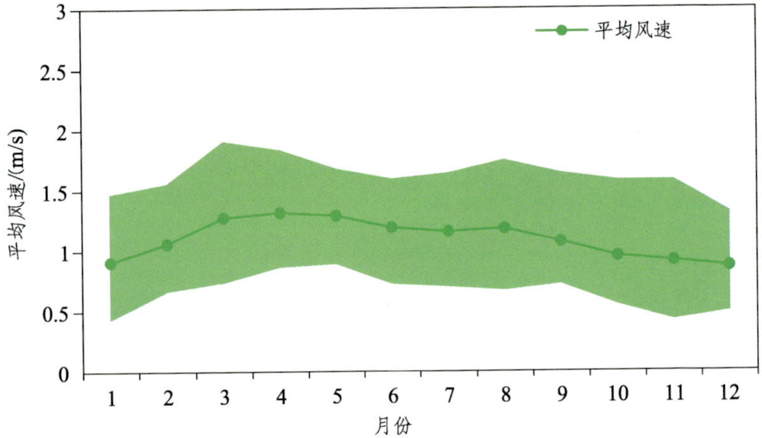

图 2.32　1961—2018 年巴中平均风速逐月变化

（色带为各县风速变化范围）

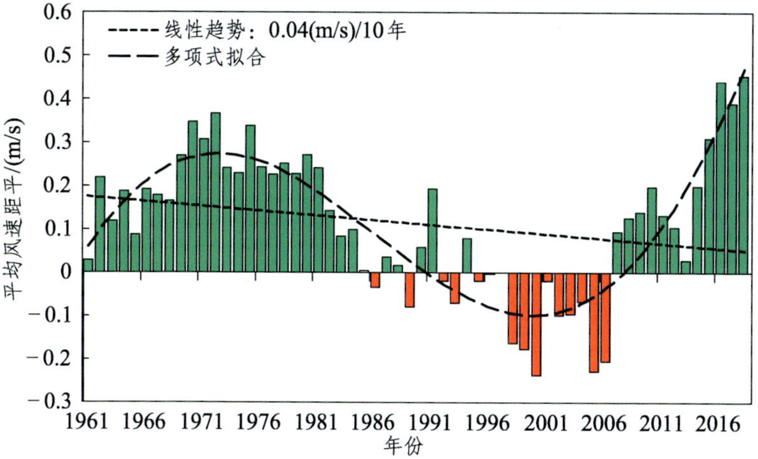

图 2.33　1961—2018 年巴中平均风速年际变化

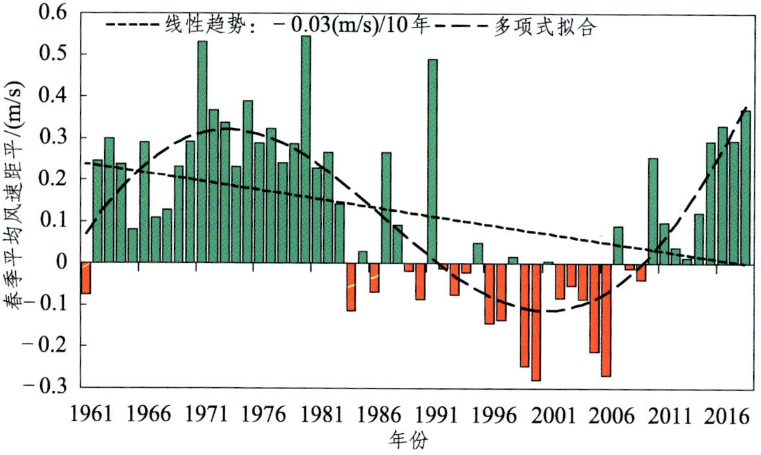

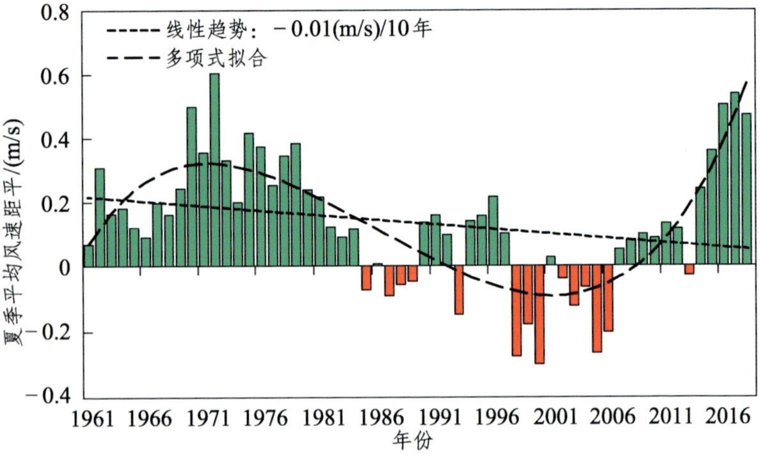

线性趋势：－0.01(m/s)/10年
多项式拟合
夏季平均风速距平/(m/s)
0.8
0.6
0.4
0.2
0
－0.2
－0.4
1961
1966
1971
1976
1981
1986
1991
1996
2001
2006
2011
2016
年份

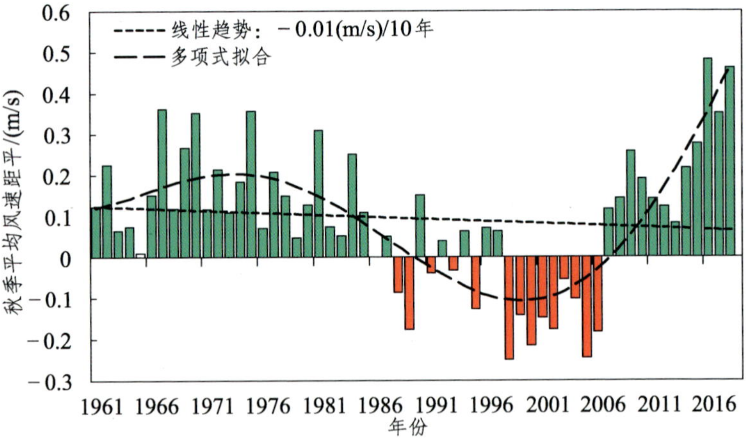

线性趋势：－0.01(m/s)/10年
多项式拟合
秋季平均风速距平/(m/s)
0.6
0.5
0.4
0.3
0.2
0.1
0
－0.1
－0.2
－0.3
1961
1966
1971
1976
1981
1986
1991
1996
2001
2006
2011
2016
年份

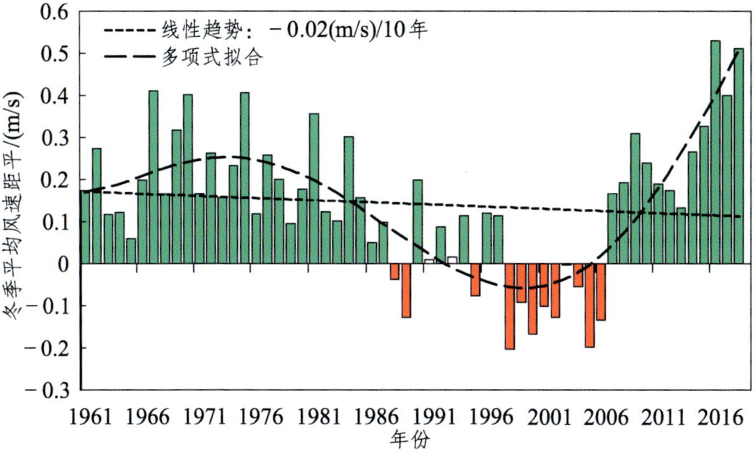

图 2.34　1961—2018 年巴中平均风速各季节年际变化

巴中年日照时数呈西北到东南逐渐减少的分布特征，大部分在 1204 ~ 1562 小时（图 2.35）。年平均日照时数为 1381.5 小时，其中夏季 540.8 小时，春季 388.2 小时，秋季 271.6 小时，冬季 180.9 小时。从逐月日照时数分布来看（图 2.36），最大月（8 月）日照时数 203.4 小时，7 月次之，185.3 小时，最小月（12 月）58.3 小时。从日照时数年际变化来看（图 2.37），日照时数在近 58 年呈现减少趋势，年代际上呈现偏多 — 偏少 — 偏多的波动，20 世纪 60—70 年代相对偏多，80 年代至 21 世纪 00 年代中期偏少，00 年代后期以来偏多。从日照时数四季变化来看（图 2.38），除春季日照时数表现为略微增加的趋势，其余季节均表现为减少的趋势。

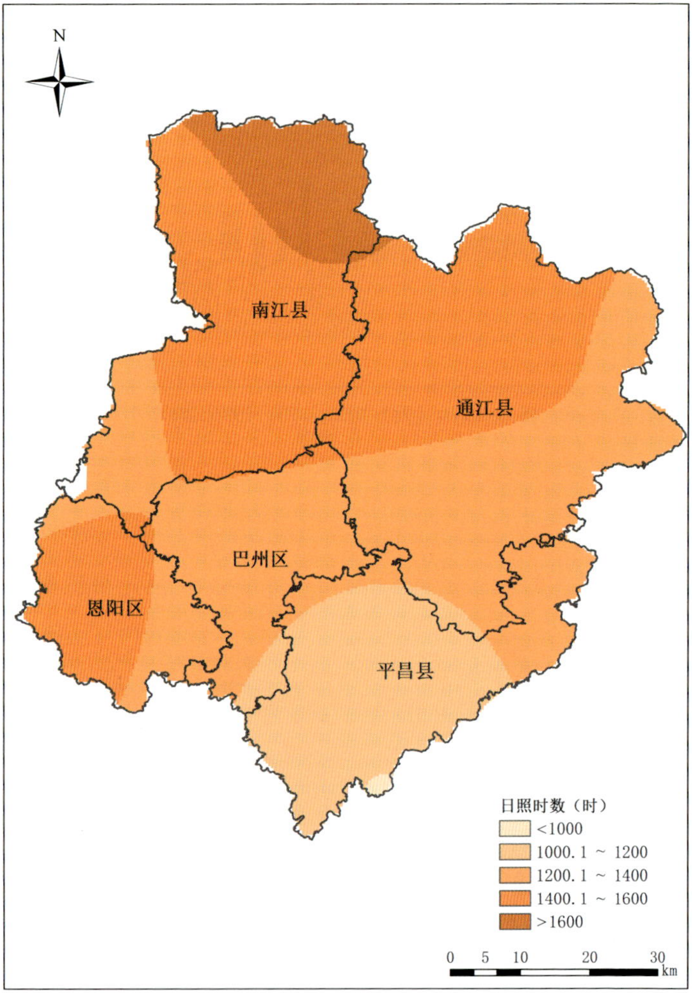

图 2.35　巴中日照时数空间分布图

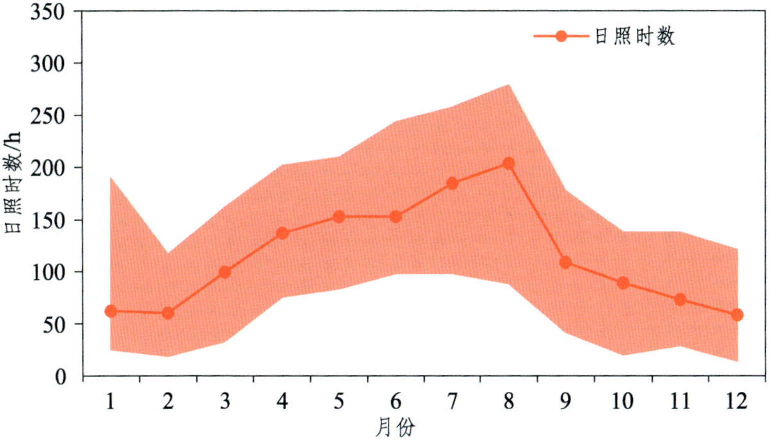

图 2.36　1961—2018 年巴中日照时数逐月变化（色带为各县降水变化范围）

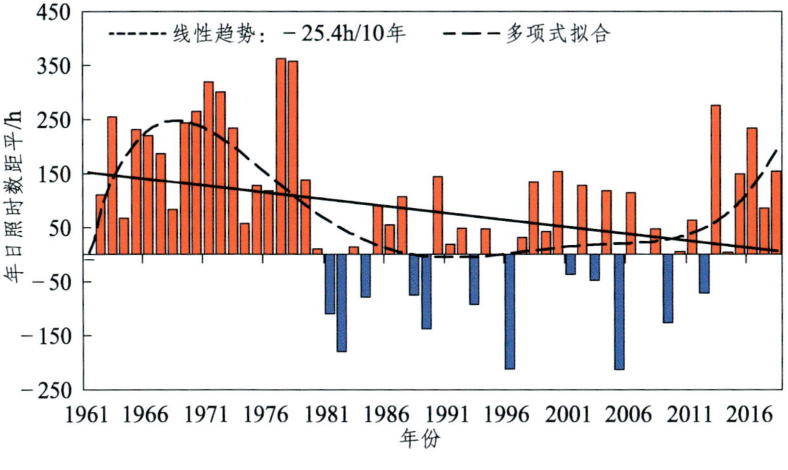

图 2.37　1961—2018 年巴中日照时数年际变化

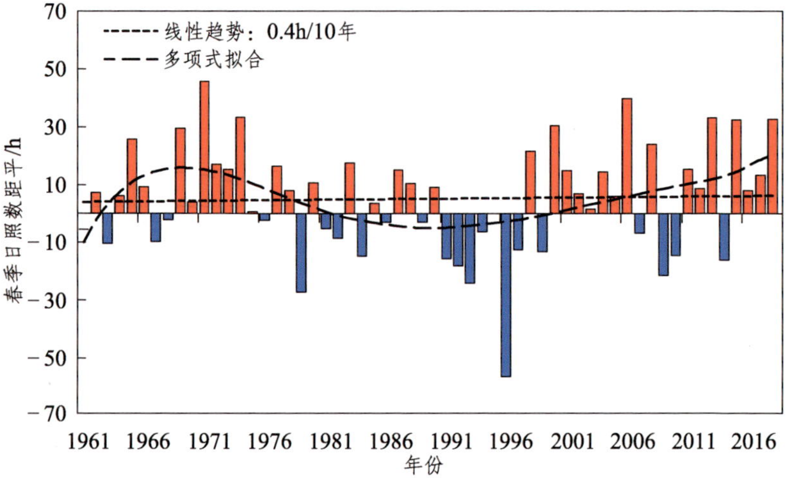

线性趋势：0.4h/10年
多项式拟合
春季日照数距平/h
年份

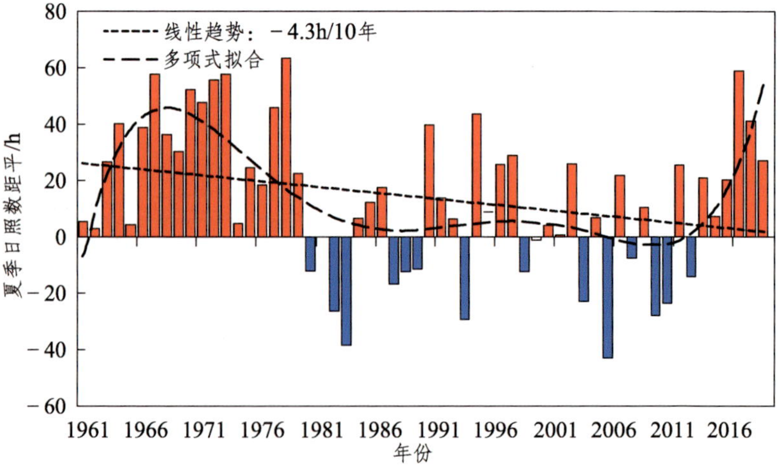

线性趋势：－4.3h/10年
多项式拟合
夏季日照数距平/h
年份

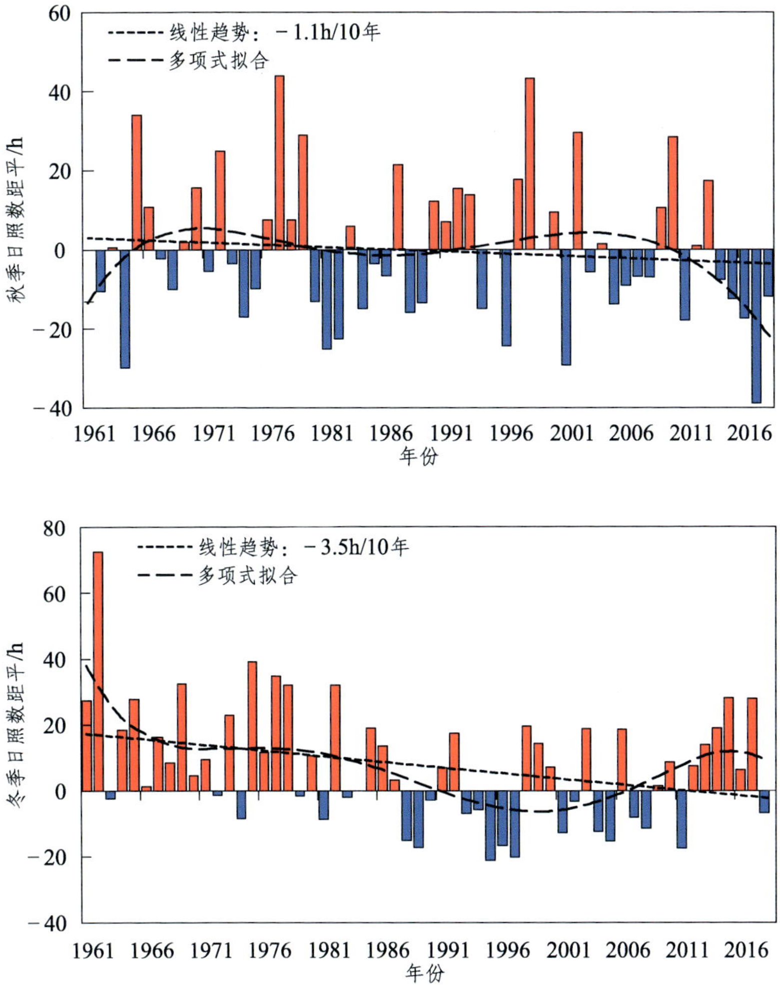

图 2.38　1961—2018 年巴中日照时数各季节年际变化

巴中年均总云量在 8 成左右，比较适中，既可阻挡强烈的紫外线，又有利于欣赏云雾美景。在巴中晨间欣赏朝阳初露，云蒸霞蔚；午间云开雾散，极目远眺，一览众山小；傍晚日落余晖，长天霞光，尽收眼底。

2.7 防灾减灾 颐养宜居

气象灾害不仅直接破坏旅游和农业资源，更直接影响游客的身心健康、生命财产安全和农作物产量。近 58 年，巴中主要的气象灾害包括暴雨洪涝、干旱、连阴雨、大风、冰雹、低温冷害和暴雨引发的地质灾害。

暴雨不仅容易引发山洪，还会诱发泥石流、崩塌、滑坡等次生灾害，给旅游业造成重大损失。巴中日降水量在 50 mm 以上的暴雨日数年均 4.4 天（图 2.39），近 57 年（1961—2017 年）巴中暴雨日数呈现弱增多趋势（图 2.40），增速为 0.08 天 /10 年，主要集中在东北部的通江县（图 2.41）。暴雨主要发生在 6—9 月，最多的 7 月有 1.3 天。巴中 50 mm 以上暴雨强度均值为 82.1 mm/ 天。

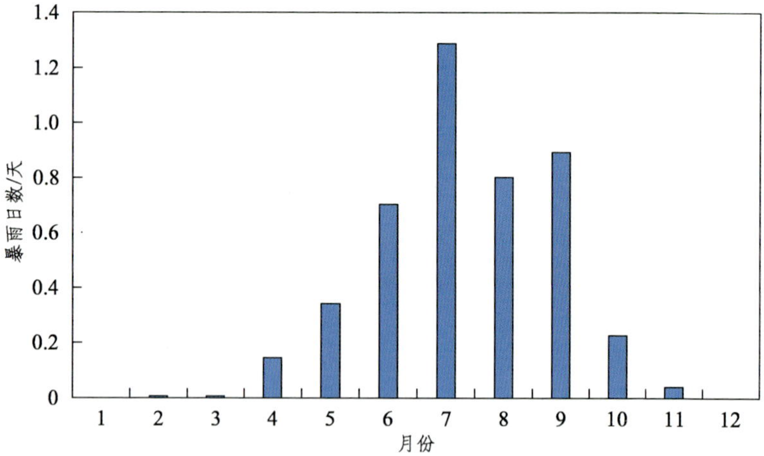

图 2.39 1961—2017 年巴中月均暴雨日数逐月变化

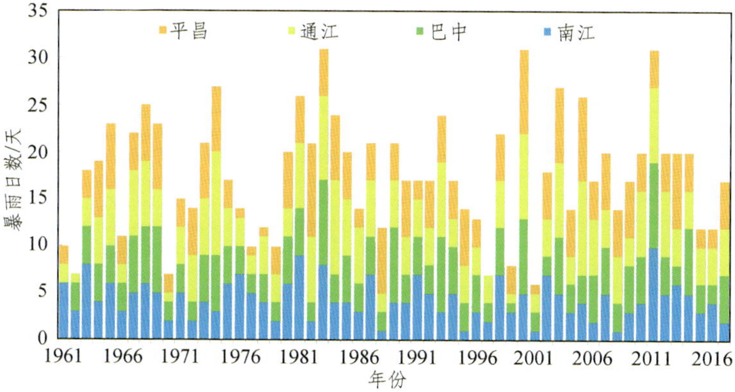

图 2.40　1961—2017 年巴中暴雨日数逐年变化

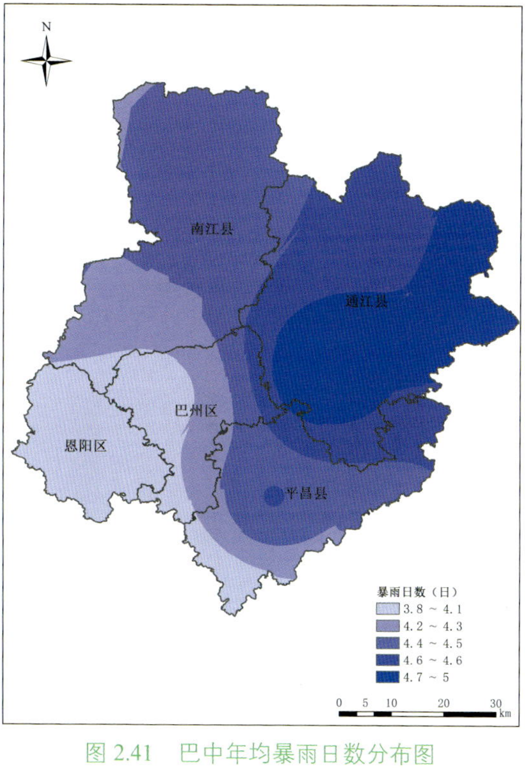

图 2.41　巴中年均暴雨日数分布图

2012年以来，巴中始终把地质灾害防治工作作为“生命工程”来抓，制定了《2012—2020年巴中市地质灾害防治规划报告》，本着“统筹规划，重点突出，分阶段实施”的原则，积极开展地质灾害防治工作。尤其在2019年，全市成功应对6轮强降雨天气、2起突发地质灾害，无人员伤亡，成功避险1起，避免10人因灾伤亡。截至2019年年初，巴中实现了连续8年地质灾害“零伤亡”。

干旱是对农业生产不利的气象灾害。近57年（1961—2017年），巴中干旱年平均日数为77.8天，最多年（1991年）为167天，最少年（1985年）为15.8天，其中年平均轻旱日数为49.4天，最多年（1991年）为98.8天，最少年（1968年）为11.3天；年平均中旱日数为23.3天，最多年（1991年）为67.0天，最少年（1983年）为0.8天；年平均重旱日数为4.4天，最多年（1999年）为35.8天。近57年重旱发生日数呈现减少趋势，减少速率为－1.1日/10年（图2.42）。干旱日数高值区主要集中在南江（图2.43）。

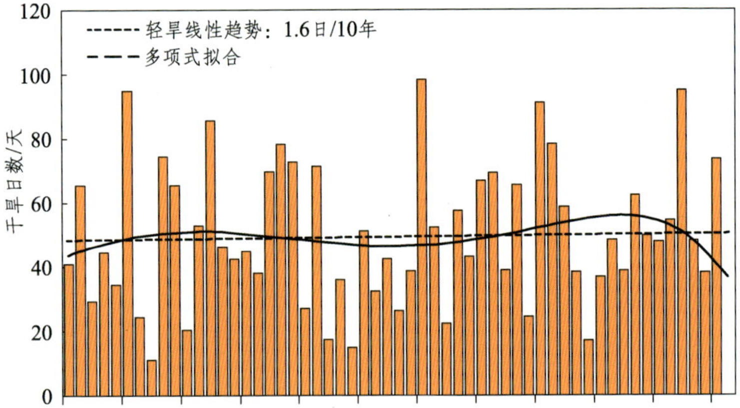

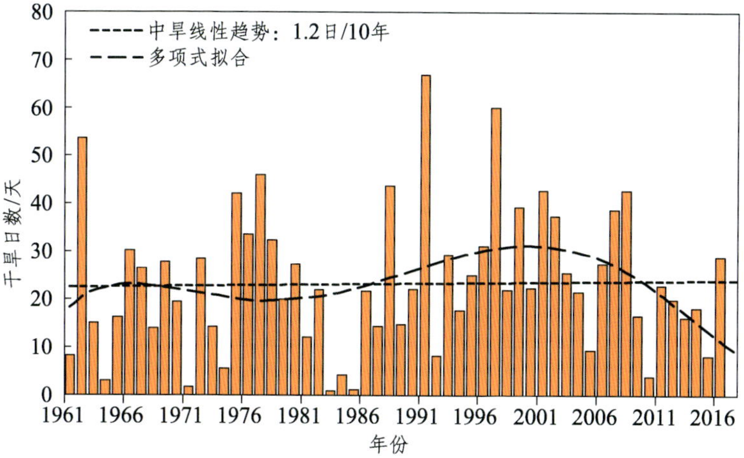
中旱线性趋势：1.2日/10年
多项式拟合
干旱日数/天
年份
0
10
20
30
40
50
60
70
80
1961
1966
1971
1976
1981
1986
1991
1996
2001
2006
2011
2016

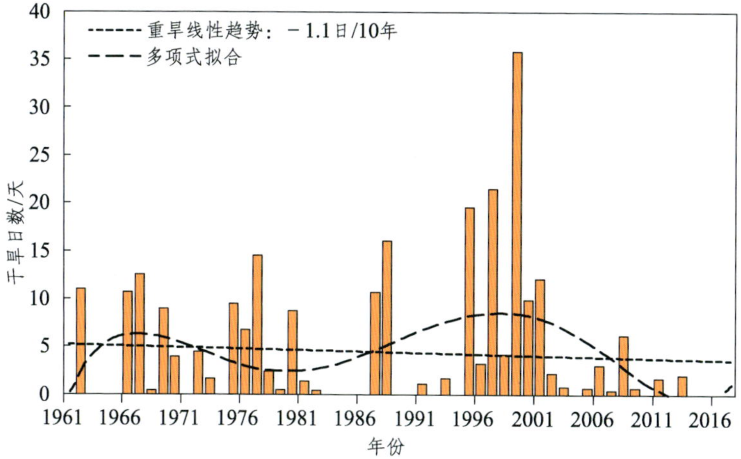
重旱线性趋势：－1.1日/10年
多项式拟合
干旱日数/天
年份
0
5
10
15
20
25
30
35
40
1961
1966
1971
1976
1981
1986
1991
1996
2001
2006
2011
2016

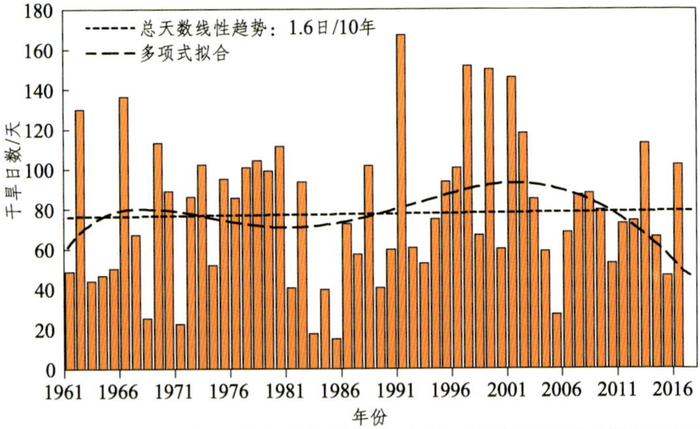

图 2.42　1961—2017 年巴中年平均轻旱、中旱、重旱及干旱日数逐年变化

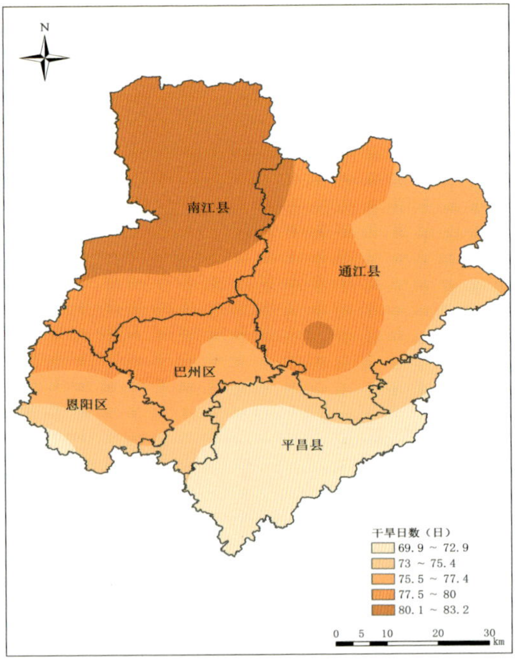

图 2.43　1961—2017 年巴中年平均干旱日数空间分布

巴中夏旱、伏旱、冬旱发生的频率总体大于春旱和秋旱，其中伏旱和冬旱发生频率呈现南多北少的分布形势，春旱、夏旱和秋旱发生频率呈现北多南少的分布形势（表 2.2）。

表 2.2　巴中各县区各时段干旱频率统计

单位：次 / 年

县区	春旱	夏旱	伏旱	秋旱	冬旱
巴州区	0.38	0.69	0.61	0.31	0.61
南江县	0.49	0.63	0.44	0.24	0.89
通江县	0.31	0.57	0.54	0.25	0.86
平昌县	0.20	0.45	0.57	0.13	0.42

雷暴、雾、大风和降雪也是比较常见的气象灾害，对交通、旅游不利。巴中常年年均雷暴日数为38.8天，夏多冬少，7—8月多，分别为 10.8 天和 8.6 天，1 月和 12 月无雷暴发生（图 2.44）。巴中常年年均雾日数为 59.5 天，秋冬多夏少，11—12 月最多，分别为 10.1 天和 11.7 天；8 月最少，为 1.5 天（图 2.45）。巴中常

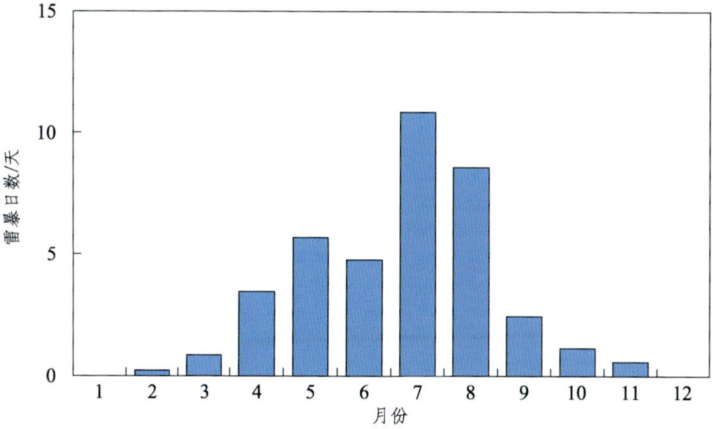

图 2.44　巴中月均雷暴日数逐月变化

年年均大风日数不足3.1天，其中4月最多，为0.7天；5月次之，为0.6天；1月和11月最少，均为0.3天（图2.46）。巴中常年年均降雪日数为4.1天，其中1月最多，为2.1天；2月次之，为1.0天；12月为0.8天（图2.47）。

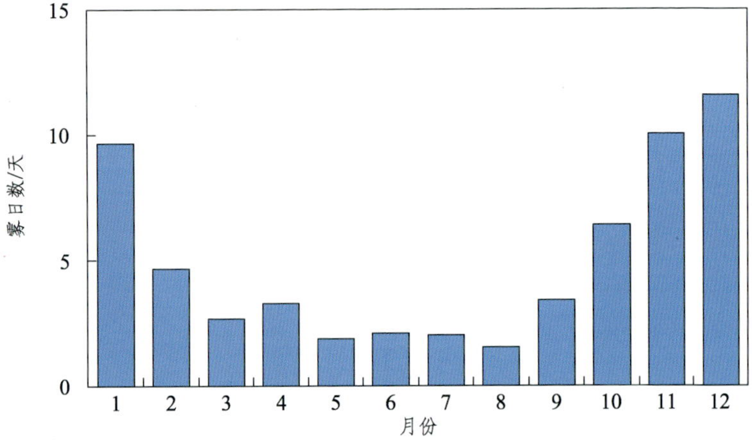

图2.45　巴中月均雾日数逐月变化

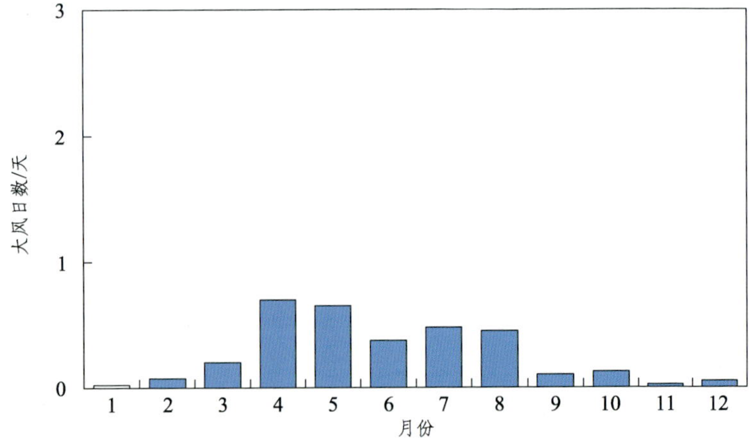

图2.46　巴中月均大风日数逐月变化

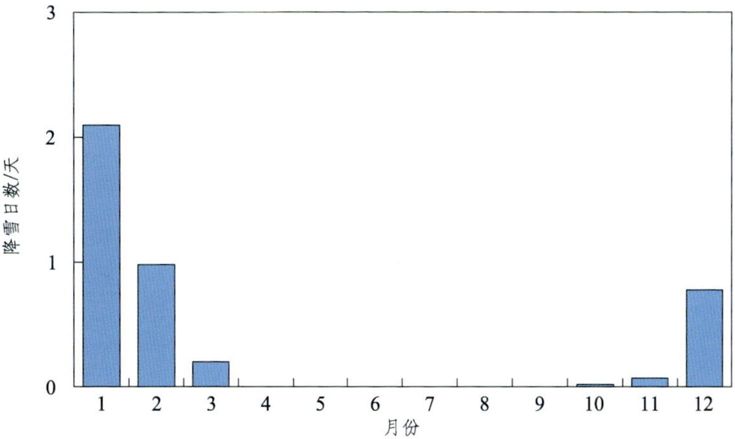

图 2.47　巴中月均降雪日数逐月变化

2.8　气候舒适　养生福地

选取公众认识度高且与休闲养生关联密切的主要生态气候指标（或指数），来评价巴中市生态气候资源在休闲养生方面的适宜性。为了便于城市间的对比分析，最终选取人体舒适度气象指数、温湿指数、寒冷指数、度假指数作为休闲养生的气候关联指标。

2.8.1　巴中气候指数分析

选取具有区域代表性的城市进行比较，将选取的城市划分为3个层次：国内直辖市及省会城市、国内旅游城市、省内代表城市。

利用全国城市气象台站的气候整编资料，对巴中等36个城市的人体舒适度气象指数（BCMI）、温湿指数（HI）、寒冷指数（CI）和度假指数（HCI）计算结果进行分析（表2.3）。

巴中市人体舒适度气象指数（BCMI）分析：巴中市3月和

11 月的 BCMI 值为 51 ～ 58，按人体舒适度分级标准为 4 级，对应的人体感觉为偏凉，大部分人舒适；4—6 月和 9—10 月的 BCMI 值为 59 ～ 70，按人体舒适度分级标准为 5 级，对应的人体感觉为最舒适；7—8 月的 BCMI 值为 71 ～ 75，按人体舒适度分级标准为 6 级，对应的人体感觉为偏暖，大部分人舒适。即全年有 9 个月（3—11 月）的气候让大部分人们感觉舒适，其中 5 个月（4—6 月和 9—10 月）的气候，让人感觉最为舒适。

按国际上气候适宜区的分类标准（BCMI 等级为 4 ～ 6 级的总天数大于 165 天的地区为一类气候适宜区，151 ～ 165 天的地区为二类气候适宜区，少于 151 天的地区为三类气候适宜区），巴中有 9 个月 BCMI 等级为 4 ～ 6 级，总天数达 215 天，属于一类气候适宜区。

寒冷指数（CI）分析：在冷应力区间（11 月 —次年的 4 月）内，巴中市的寒冷指数值（CI）均在 500 cal/（$m^2 \cdot h$）以下，按 CI 值对应的人体感分级标准，除最冷的冬季月份（12 月 ~ 次年 2 月），巴中的 CI 值对应人体感为“凉”外，其余月份均为“舒适”。

温湿指数（HI）分析：在热应力区间（5—10 月）内，巴中温湿指数（HI）除 7—8 月为不舒适外，其余月份均处于较舒适及以上级别范畴，其中 10 月的温湿指数（HI）值 63，处于非常舒适级别，5 月的温湿指数（HI）值 69，处于舒适级别，6 月和 9 月属暖舒适级别，即巴中夏季无“闷热”不适气候，无热胁迫感，人体感觉适宜。

表 2.3　巴中市 BCMI 指数、寒冷指数（CI）和温湿指数（HI）计算结果

月　份	1 月	2 月	3 月	4 月	5 月	6 月	7 月	8 月	9 月	10 月	11 月	12 月
BCMI 等级	3	3	4	5	5	5	6	6	5	5	4	3
CI 值	456	425	378	291	220	161	110	122	183	261	335	421
HI 值	44	49	55	63	69	74	78	77	71	63	55	46

度假气候指数（HCI）分析（图 2.48）：巴中 1—5 月和 7—9 月的 HCI 指数为上升趋势，5—7 月和 9—12 月表现为下降趋势，12 月 ~ 次年 2 月和 7 月巴中 HCI 值处于全年较低水平。巴中冬季气温较低，低温、雨雪偶尔会给人们旅游出行带来不便，7 月降水偏多不利于出行，即 HCI 值表现为全年最低。

按照度假旅游指数（HCI）的旅游适宜期评级分类标准，巴中全年 12 个月全部适宜旅游出行。其中，1—2 月、7 月和 12 月为度假旅游的“适宜期”；3 月、6 月、8 月和 11 月为度假旅游的“很适宜期”。春秋季（4—5 月和 9—10 月），光照、温度、湿度、降水和云量较为适中，度假旅游指数在一年中处于最高的季节，成为人们观光、休闲康养的好时节。

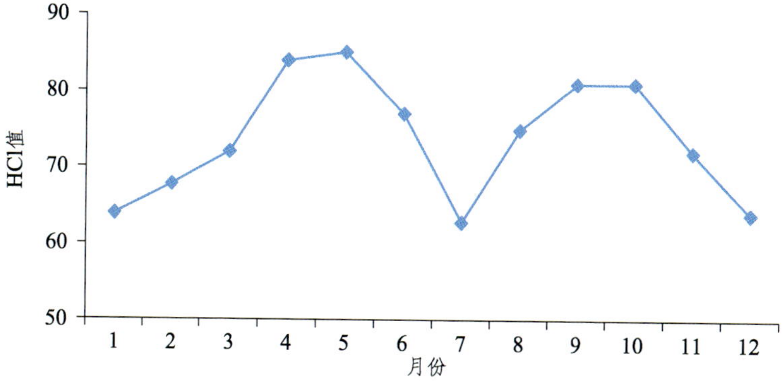

图 2.48 巴中市度假气候指数（HCI）月变化图

2.8.2 人体舒适度气象指数对比分析

人体舒适度气象指数（BCMI）对比分析（表 2.4）：在所选的 36 个城市中，除广州、海口和攀枝花冬、春季 BCMI 等级较高外，其他 3 个城市的“适宜期”主要集中在 4—10 月份，全年气候“舒适”月份达 7 个或以上的有 26 个城市，巴中不仅

"舒适"月份达9个月，仅次于攀枝花和广州，而且"最舒适期"月份最长，达5个月，人体舒适度气象指数（BCMI）明显优于其他城市。

与国内有代表性的13个直辖市及省会城市对比，巴中的人体舒适度气象指数冬季比北方城市好，春、夏、秋三季比南方城市好，全年舒适月份仅次于广州，达9个月，但最舒适月份比广州还多2个月，巴中全年人体舒适度气象指数与国内大城市比较明显偏优。

与国内有代表性的13个旅游城市对比，巴中的人体舒适度气象指数冬季比厦门和海口略差，与其他南方城市接近，比兰州等北方城市好，夏季比厦门、海口等南方城市好，全年舒适月份仅次于厦门，达9个月，但最舒适月份比厦门多3个月，巴中全年人体舒适度气象指数在国内旅游城市比较中有明显优势。

与省内具有代表性的9个市对比，巴中的人体舒适度气象指数冬季比攀枝花差，与其他城市接近；全年舒适月份仅次于攀枝花，达9个月，最舒适月份与乐山和泸州并列第3，巴中全年人体舒适度气象指数在省内代表城市比较中有一定的优势。

在所有36个城市中，只有巴中"舒适期"长达9个月，排名仅次于广州、厦门和攀枝花，"最舒适期"长达5个月，排名仅次于攀枝花和西昌，具备突出优势。总的来说，巴中市人体舒适度气象指数综合水平处于"上位优势"。

表2.4 巴中与国内代表性城市人体舒适度气象指数等级比较

地点	1月	2月	3月	4月	5月	6月	7月	8月	9月	10月	11月	12月
巴中	3	3	4	5	5	5	6	6	5	5	4	3

续表

地点		1月	2月	3月	4月	5月	6月	7月	8月	9月	10月	11月	12月
直辖市及省会城市	北京	2	2	3	4	5	5	6	6	5	4	2	2
	上海	2	3	3	4	5	5	6	6	5	5	4	3
	广州	4	4	4	5	6	6	7	7	6	5	5	4
	哈尔滨	1	1	2	3	4	5	5	5	4	3	2	1
	南京	2	2	3	4	5	5	6	6	5	4	3	2
	杭州	2	3	3	4	5	5	7	6	5	4	4	3
	济南	2	2	2	2	3	4	4	4	3	2	2	2
	沈阳	1	2	2	3	4	5	5	5	4	3	2	2
	武汉	2	3	3	4	5	6	7	7	5	4	4	3
	郑州	2	2	3	4	5	5	6	6	5	4	3	2
	西安	2	2	3	4	4	5	6	5	5	4	3	2
	兰州	2	2	2	3	4	5	5	5	4	3	2	2
	成都	2	3	3	4	5	5	6	6	5	4	4	3
旅游城市	大连	2	2	2	3	4	5	5	5	5	4	2	2
	天津	2	2	3	4	5	5	6	6	5	4	2	2
	重庆	3	3	4	5	5	6	6	6	5	5	4	3
	贵阳	2	2	3	4	4	5	5	5	5	4	3	3
	海口	5	5	5	6	7	8	8	8	7	6	5	5
	银川	2	2	2	3	4	5	5	5	4	3	2	2
	昆明	3	3	4	4	4	5	5	5	4	4	3	3
	拉萨	2	2	3	3	3	4	4	4	4	3	3	2
	桂林	3	3	4	5	6	7	8	8	7	5	4	3
	厦门	3	3	4	4	5	6	6	6	6	5	4	4
	洛阳	2	2	3	4	5	5	6	5	5	4	3	2
	丽江	3	3	3	3	4	5	5	4	4	4	3	3
	天水	2	2	3	4	4	5	5	5	4	3	3	2

续表

地点		1月	2月	3月	4月	5月	6月	7月	8月	9月	10月	11月	12月
省内城市	攀枝花	4	4	5	5	5	5	6	5	5	5	4	4
	西昌	3	3	4	5	5	5	5	5	5	4	4	3
	九寨沟	2	3	3	4	4	5	5	5	5	4	3	2
	广元	3	3	3	4	5	5	6	6	5	4	3	3
	达州	3	3	3	4	5	5	6	6	5	5	4	3
	遂宁	3	3	4	5	5	6	6	6	5	5	4	3
	乐山	3	3	4	5	5	5	6	6	5	5	4	3
	绵阳	3	3	3	4	5	5	6	6	5	4	4	3
	泸州	3	3	4	5	5	5	6	6	5	5	4	3

注：蓝色为“大部分人舒适”，绿色为“最为舒适”。

2.8.3 寒冷指数对比分析

寒冷指数对比分析（表 2.5）：我国北方城市的冬季（12 月—次年 2 月），因气温过低，多个月份的寒冷指数（CI）值在 800 以上，尤其是北京以北的城市（如大连、沈阳、哈尔滨等），冬季月份的 CI 值均对应着“冷”的级别；南方城市尤其是武汉以南的城市，冬季的 CI 值多处在 700 以下，人们只是感觉“很凉”；再往南的城市就仅有“凉”的级别。巴中的寒冷指数（CI）全年在 110 ~ 456，有 9 个月是“舒适”、冬季 3 个月是“凉”，没有“很凉”及以上级别。

与国内直辖市及省会城市对比，巴中的寒冷指数（CI）显著低于北方城市，低于大多数南方城市，仅次于广州，与武汉和成都接近。与国内有代表性的旅游城市对比，巴中的寒冷指数（CI）除高于海口外，比其他城市都低，与厦门和重庆接近。与省内代表城市比较，巴中的寒冷指数（CI）除高于攀枝花外，均低于其他城市。总体来看，巴中在所选的 36 个城市中处于“中上偏优”的位置。

表 2.5　巴中与国内城市寒冷指数等级比较

地点		1月	2月	3月	4月	5月	6月	7月	8月	9月	10月	11月	12月
巴中		456	425	378	291	220	161	110	122	183	261	335	421
直辖市及省会城市	北京	860	788	646	452	296	195	148	167	278	436	649	810
	上海	648	620	545	416	291	202	103	112	195	306	437	569
	广州	392	382	312	230	155	116	99	96	122	177	271	357
	哈尔滨	1201	1088	913	662	458	299	240	268	429	656	951	1123
	南京	696	665	574	417	279	193	114	127	225	345	495	630
	杭州	645	611	527	386	266	188	95	112	207	314	445	583
	济南	1281	1195	1056	856	659	509	437	460	594	778	1022	1229
	沈阳	1049	954	808	592	401	266	199	216	361	565	819	981
	武汉	594	541	468	331	220	142	85	99	186	298	417	539
	郑州	755	693	591	415	276	164	134	157	254	382	565	716
	西安	750	714	600	444	322	200	157	198	296	424	597	709
	兰州	927	849	726	565	395	281	240	274	395	562	746	880
	成都	534	501	437	342	248	195	159	171	229	311	395	495
旅游城市	大连	1011	950	814	629	453	327	244	223	318	510	747	931
	天津	826	777	650	459	305	193	139	153	263	424	631	776
	重庆	488	464	402	302	217	162	99	99	184	281	366	457
	贵阳	669	652	557	432	347	286	264	250	313	411	509	613
	海口	363	343	274	191	132	108	103	110	132	183	259	329
	银川	892	822	695	523	368	256	209	249	365	522	702	845
	昆明	554	530	462	380	328	288	275	273	311	366	450	524
	拉萨	717	694	630	540	462	379	338	355	384	488	600	673
	桂林	640	604	500	336	227	144	104	108	181	306	438	560
	厦门	503	495	440	333	240	171	122	127	167	254	349	454
	洛阳	794	737	625	442	298	189	160	190	285	418	600	755
	丽江	707	686	618	529	419	351	339	345	385	460	574	664
	天水	652	626	525	403	312	235	193	217	299	389	514	616

续表

地点		1月	2月	3月	4月	5月	6月	7月	8月	9月	10月	11月	12月
省内城市	攀枝花	367	339	258	191	161	146	152	159	197	251	303	348
	西昌	489	469	397	317	258	223	201	211	253	309	389	454
	九寨沟	688	667	572	445	345	275	223	234	315	429	548	644
	广元	556	517	449	334	242	172	134	146	229	324	431	521
	达州	505	484	424	322	236	170	119	121	205	306	392	480
	遂宁	460	433	389	292	209	159	110	115	186	273	348	423
	乐山	488	456	401	305	227	179	137	145	211	292	365	450
	绵阳	518	494	432	332	237	176	139	148	221	312	391	493
	泸州	487	462	400	311	231	181	131	131	213	294	375	464

注：黄色为“很凉”，蓝色为“凉”，绿色为“舒适”。

2.8.4 温湿指数对比分析

温湿指数（HI）对比分析：巴中的温湿指数在 44 ～ 78（表 2.6），表明巴中气候舒适，不闷热，与国内直辖市及省会城市对比，巴中的温湿指数（HI）与广州接近，但广州有 2 个月极其闷热。与国内有代表性的旅游城市对比，巴中的温湿指数（HI）舒适月份仅次于昆明和厦门，与重庆和贵阳处于同一水平。与省内代表城市比较，巴中的温湿指数（HI）比攀枝花和西昌稍差，与其余市基本在同一水平。总体来看，巴中在所选的 36 个城市中处于“中上偏优”的位置。

表 2.6 巴中与国内城市温湿指数等级比较

地点	1月	2月	3月	4月	5月	6月	7月	8月	9月	10月	11月	12月
巴中	44	49	55	63	69	74	78	77	71	63	55	46

续表

地点		1月	2月	3月	4月	5月	6月	7月	8月	9月	10月	11月	12月
直辖市及省会城市	北京	36	40	48	58	66	72	76	75	67	56	44	38
	上海	43	46	51	59	67	74	80	80	74	66	57	47
	广州	59	60	65	71	77	80	81	81	78	74	67	61
	哈尔滨	10	19	35	49	59	67	72	69	59	47	30	15
	南京	40	44	50	60	68	74	80	79	72	63	52	43
	杭州	43	46	52	61	69	74	81	80	73	65	56	47
	济南	30	32	37	46	54	60	64	62	56	48	40	33
	沈阳	21	30	41	53	62	69	74	73	63	51	38	26
	武汉	42	46	52	63	71	76	81	80	73	64	54	45
	郑州	39	43	50	60	68	74	78	76	68	60	49	41
	西安	36	41	48	57	65	72	76	74	66	56	45	37
	兰州	26	34	43	53	60	66	68	66	59	49	39	28
	成都	43	47	53	61	68	73	76	75	69	62	54	46
旅游城市	大连	33	36	43	53	61	68	73	74	68	58	46	37
	天津	33	38	47	58	66	73	77	76	68	58	45	36
	重庆	47	51	57	64	71	75	80	79	73	65	58	49
	贵阳	42	44	51	59	64	68	70	70	66	59	53	45
	海口	63	65	70	76	79	81	81	80	79	76	70	65
	银川	29	36	45	55	62	68	71	69	61	51	40	30
	昆明	50	53	58	62	65	67	67	67	64	60	54	50
	拉萨	41	42	46	50	55	59	61	60	57	52	46	41
	桂林	48	50	56	65	75	77	80	79	75	67	59	52
	厦门	55	56	59	65	72	77	80	80	77	71	65	59
	洛阳	39	43	49	59	67	73	76	74	67	59	49	42
	丽江	48	50	53	57	61	64	64	63	60	57	51	48
	天水	35	40	47	56	62	68	71	69	62	53	44	37

续表

地点		1月	2月	3月	4月	5月	6月	7月	8月	9月	10月	11月	12月
省内城市	攀枝花	57	61	66	70	72	75	75	74	71	67	60	56
	西昌	52	56	60	64	67	69	71	70	66	62	56	52
	九寨沟	42	45	51	57	62	67	70	69	64	57	49	43
	广元	45	48	54	62	68	73	76	75	69	61	54	47
	达州	45	49	55	62	69	74	79	78	72	63	55	47
	遂宁	45	49	56	63	70	74	78	78	72	64	56	47
	乐山	46	50	56	64	70	73	77	76	71	64	57	48
	绵阳	44	48	54	62	69	73	77	76	70	62	55	46
	泸州	47	50	56	64	70	74	78	78	72	64	57	49

注：黄色为“较舒适”，蓝色为“舒适”，绿色为“非常舒适”。

2.8.5 度假气候指数对比分析

与国内有代表性的13个直辖市及省会城市对比（表2.7），巴中度假指数冬季比南方城市好，春夏季与北方城市持平或略优，全年都适宜度假，很适宜的月数达8个月，仅次于西安。与国内有代表性的13个旅游城市对比，巴中度假指数仅次于昆明和洛阳，有一定的优势。与省内具有代表性的9个市对比，冬季度假指数仅次于西昌和攀枝花，春夏秋季与广元、达州和乐山相当，即在省内处于中等偏上水平。

表2.7 巴中与国内城市度假气候指数比较

地点	1月	2月	3月	4月	5月	6月	7月	8月	9月	10月	11月	12月
巴中	64	68	72	84	85	77	63	75	81	81	72	64

续表

地点		1月	2月	3月	4月	5月	6月	7月	8月	9月	10月	11月	12月
直辖市及省会城市	北京	67	64	66	74	84	85	63	76	91	77	69	67
	上海	64	62	61	74	83	64	67	69	75	89	77	71
	广州	87	81	83	63	50	46	53	57	59	77	85	91
	哈尔滨	58	56	64	68	72	86	79	85	74	66	60	56
	南京	61	63	66	74	84	65	59	70	83	85	75	67
	杭州	63	60	62	78	82	63	66	68	76	87	73	69
	济南	64	62	70	78	88	80	63	74	91	78	72	64
	沈阳	59	62	64	70	84	83	76	78	87	72	64	59
	武汉	63	63	62	78	78	61	59	70	79	83	73	69
	郑州	63	64	66	76	88	79	72	74	89	77	71	62
	西安	66	67	71	80	83	80	77	79	82	78	71	67
	成都	59	63	67	79	83	72	59	61	80	79	67	63
旅游城市	大连	62	64	66	69	76	86	75	77	90	76	66	64
	重庆	32	36	39	51	55	47	45	45	53	49	39	36
	贵阳	59	63	67	79	80	71	65	74	82	78	69	65
	海口	77	77	78	71	61	61	61	61	61	67	79	75
	昆明	73	76	80	86	80	71	71	71	78	75	73	73
	拉萨	67	69	65	69	73	75	70	66	71	73	73	69
	桂林	64	63	67	71	54	50	57	59	81	86	82	74
	厦门	82	69	77	79	73	60	67	58	71	80	88	88
	洛阳	67	67	71	79	84	81	76	79	84	80	72	68
	丽江	74	72	47	49	52	48	49	49	49	47	49	76

续表

地点		1月	2月	3月	4月	5月	6月	7月	8月	9月	10月	11月	12月
省内城市	攀枝花	85	91	81	64	51	47	45	47	51	59	62	86
	西昌	79	81	60	59	57	53	53	55	55	51	52	77
	九寨沟	68	67	42	43	51	55	51	55	51	39	59	70
	广元	64	68	70	84	88	77	65	77	83	82	72	70
	达州	62	66	72	81	85	77	63	75	81	81	72	62
	遂宁	32	36	39	51	55	47	45	45	55	49	39	36
	乐山	62	66	70	82	83	79	65	56	83	80	70	66
	绵阳	49	42	40	51	55	49	47	47	53	49	48	65
	泸州	32	33	37	51	55	47	45	45	55	49	37	33

注：黄色为“很适宜”，蓝色为“特别适宜”，绿色为“理想状态”。

第3章　生态优美

巴中市气候和地理环境独特，具有秦巴山区资源特色，自然的造化成就了“山水画廊·秀美巴中”的独特神韵。目前，巴中全市森林覆盖率达62.1%，自然保护区面积达1396.65 km^2，其中国家级自然保护区1个（诺水河珍稀水生动物国家级自然保护区），省级自然保护区5个（诺水河省级自然保护区、五台山猕猴省级自然保护区、光雾山省级自然保护区、大小兰沟省级自然保护区、驷马河省级自然保护区），县级自然保护区1个（贾郭山县级自然保护区），是中国乃至亚洲尚存不多的天然生态“绿肺”，是生物多样性富集区和长江中上游重点水源涵养区。

3.1　天朗气清　环境宜人

巴中市各县区环境空气优良。使用2016—2018年巴中市8个环境空气监测点的资料，对巴中市全域开展环境空气质量评价。表3.1是巴中全市区县2015—2018年城市环境空气质量状况统计结果。从优良天数比例来看，巴中市空气质量优良天数比例大体呈上升趋势。截至2018年，各县区空气优良天数的比例均在90%以上。

表3.1 巴中市2015—2018年环境空气质量状况统计表

区域	年度	AQI指数范围	有效监测天数	空气质量质量状况/天						超标天数	优良天数比例
				优	良	轻度污染	中度污染	重度污染	严重污染		
巴州区	2015	23~229	364	134	191	32	4	3	0	38	89.3%
	2016	20~209	366	183	140	36	5	2	0	43	88.3%
	2017	20~182	365	161	174	24	6	0	0	30	91.8%
	2018	20~189	362	185	163	11	3	0	0	14	96.1%
恩阳区	2015	1~160	303	94	188	21	0	0	0	21	93.1%
	2016	5~173	330	187	113	28	2	0	0	30	90.9%
	2017	15~218	359	142	179	30	5	3	0	38	89.4%
	2018	20~214	363	138	193	24	7	1	0	32	91.2%
南江县	2015	21~224	359	141	207	7	3	1	0	11	96.9%
	2016	19~176	360	148	190	19	3	0	0	22	92.6%
	2017	13~219	361	171	161	24	4	1	0	29	92.0%
	2018	18~183	364	126	227	10	1	0	0	11	97.0%
平昌县	2015	44~69	144	0	144	0	0	0	0	0	100%
	2016	21~171	351	37	289	20	5	0	0	25	92.9%
	2017	18~160	357	96	218	41	2	0	0	43	88.0%
	2018	23~147	362	145	202	15	0	0	0	15	95.9%

续表

区域	年度	AQI 指数范围	有效监测天数	空气质量质量状况 / 天						超标天数	优良天数比例
				优	良	轻度污染	中度污染	重度污染	严重污染		
通江县	2015	17~166	365	117	219	6	23	0	0	29	92.1%
	2016	18~265	352	43	212	75	12	10	0	97	72.4%
	2017	20~246	349	124	191	21	7	6	0	34	90.3%
	2018	19~215	363	123	213	21	5	1	0	27	92.6%
平均			344.95	124.75	190.7	23.25	4.85	1.4	0	29.45	91.64%

全市各监测点均没有出现严重污染日。重度污染平均日数为 1.5 天，多在 5 天以下，其中南江、平昌两县重度污染日数在 1 天及以下，巴中市中心城区所在的巴州区重度污染日数在 3 天以下，通江县相对较多，为 0 ~ 10 天；中度污染平均日数为 4.85 天，多在 10 日以下，巴州为 3 ~ 6 天，恩阳为 0 ~ 7 天，南江为 1 ~ 4 天，平昌为 0 ~ 5 天，通江较多，为 5 ~ 23 天，但该县近 2 年中度污染日数明显下降；轻度污染平均日数为 23.25 天，巴州为 11 ~ 36 天，恩阳为 21 ~ 30 天，南江为 7 ~ 24 天，平昌为 0 ~ 41 天，通江较多，为 6 ~ 75 天。

综上所述，巴中市各县区环境空气优良日数的比例多在 90% 以上，污染等级以轻度为主，没有出现过严重污染日，县区环境空气质量近年不断改善。

巴中市环境空气主要污染物监测和评价结果：

（1）二氧化硫（SO_2）

巴中市 SO_2 监测不管是日均浓度还是年浓度污染指数都小于 1（表 3.2），满足环境空气质量标准（见附录 GB3095—2012）二类区二级浓度限值。

表 3.2　2015—2018 年巴中市 SO_2 监测评价结果

监测点位	年度	日均浓度范围/(μg/m³)	日均污染指数范围	年均值/(μg/m³)	年均浓度同比变化	年均污染指数
巴州区	2015	2 ~ 15	0.01 ~ 0.1	7		0.12
	2016	2 ~ 10	0.01 ~ 0.07	4.5	− 0.36	0.08
	2017	2 ~ 12	0.01 ~ 0.08	4.2	− 0.07	0.07
	2018	2 ~ 10	0.01 ~ 0.07	4.4	0.05	0.07
恩阳区	2015	1 ~ 24	0.01 ~ 0.16	8		0.13
	2016	1 ~ 24	0.01 ~ 0.16	7	− 0.13	0.12
	2017	1 ~ 26	0.01 ~ 0.17	3.9	− 0.44	0.07
	2018	2 ~ 10	0.01 ~ 0.07	4.3	0.10	0.07
南江县	2015	1 ~ 83	0.01 ~ 0.55	26		0.43
	2016	1 ~ 77	0.01 ~ 0.51	18	− 0.31	0.30
	2017	2 ~ 46	0.01 ~ 0.31	15.2	− 0.16	0.25
	2018	2 ~ 60	0.01 ~ 0.4	14.5	− 0.05	0.24
平昌县	2015	22 ~ 26	0.15 ~ 0.17	24		0.40
	2016	2 ~ 59	0.01 ~ 0.39	9.6	− 0.60	0.16
	2017	3 ~ -21	0.02 ~ 0.14	11.8	0.23	0.20
	2018	2 ~ 21	0.01 ~ 0.14	12.2	0.03	0.20
通江县	2015	2 ~ 39	0.01 ~ 0.26	13.4		0.22
	2016	1 ~ 71	0.01 ~ 0.47	18.9	0.41	0.32
	2017	2 ~ 45	0.01 ~ 0.3	11.6	− 0.39	0.19
	2018	3 ~ 17	0.02 ~ 0.11	7.2	− 0.38	0.12

（2）二氧化氮（NO_2）

巴中市 NO_2 测量不管是日均浓度还是年浓度污染指数都小于 1（表 3.3），满足环境空气质量标准（GB3095—2012）二类区二级浓度限值。

表 3.3　2015—2018 年巴中市 NO_2 监测评价结果

监测点位	年度	日均浓度范围 /(μg/m³)	日均污染指数范围	年均值 /(μg/m³)	年均浓度同比变化	年均污染指数
巴州区	2015	12 ~ 52	0.15 ~ 0.65	29.40		0.74
	2016	14 ~ 69	0.18 ~ 0.86	31.10	0.06	0.78
	2017	12 ~ 48	0.15 ~ 0.6	26.50	− 0.15	0.66
	2018	12 ~ 56	0.15 ~ 0.7	26.00	− 0.02	0.65
恩阳区	2015	8 ~ 71	0.1 ~ 0.89	34.00		0.85
	2016	8 ~ 56	0.1 ~ 0.7	27.00	− 0.21	0.68
	2017	4 ~ 45	0.05 ~ 0.56	22.20	− 0.18	0.56
	2018	8 ~ 48	0.1 ~ 0.6	20.80	− 0.06	0.52
南江县	2015	7 ~ 61	0.09 ~ 0.76	26.00		0.65
	2016	8 ~ 65	0.1 ~ 0.81	27.00	0.04	0.68
	2017	2 ~ 71	0.03 ~ 0.89	28.20	0.04	0.71
	2018	10 ~ 69	0.13 ~ 0.86	25.30	− 0.10	0.63
平昌县	2015	24 ~ 28	0.3 ~ 0.35	26.00		0.65
	2016	1 ~ 41	0.01 ~ 0.51	9.54	− 0.63	0.24
	2017	1 ~ 43	0.01 ~ 0.54	14.00	0.47	0.35
	2018	1 ~ 41	0.01 ~ 0.51	13.40	− 0.04	0.34
通江县	2015	1 ~ 58	0.01 ~ 0.73	20.70		0.52
	2016	2 ~ 46	0.03 ~ 0.58	17.10	− 0.17	0.43
	2017	3 ~ 60	0.04 ~ 0.75	16.40	− 0.04	0.41
	2018	6 ~ 44	0.08 ~ 0.55	18.80	0.15	0.47

（3）颗粒物（PM_{10}）

2015 年恩阳区和平昌县 PM_{10} 日均浓度全部达标（表 3.4），巴中市其余监测站点和年份均有超标发生，但超标率均不高，基本都在 5% 以下。日极值出现在 2015 年南江县为 397 μg/m³，是标准值的 2.65 倍。2015 年通江县 PM_{10} 年均浓度略有超标，污染指数为 1.09，其余都在标准范围内。近 2 年，各地 PM_{10} 浓度略有降低，年均浓度都在标准范围内。

表 3.4　2015—2018 年巴中市 PM_{10} 监测评价结果

监测点位	年度	日均浓度范围 /(μg/m³)	日均污染指数范围	日均超标率 /%	年均值 /(μg/m³)	年均浓度同比变化	年均染指数
巴州区	2015	9 ~ 261	0.06 ~ 1.74	3.8	61.3		0.88
	2016	8 ~ 220	0.05 ~ 1.47	3	59.9	− 0.02	0.86
	2017	7 ~ 186	0.05 ~ 1.24	1.4	53.6	− 0.11	0.77
	2018	7 ~ 177	0.05 ~ 1.18	1.4	56.8	0.06	0.81
恩阳区	2015	7 ~ 136	0.05 ~ 0.91	0	42		0.60
	2016	7 ~ 197	0.05 ~ 1.31	3.3	60	0.43	0.86
	2017	9 ~ 261	0.06 ~ 1.74	4.7	68.7	0.15	0.98
	2018	9 ~ 175	0.06 ~ 1.17	0.3	58.1	− 0.15	0.83
南江县	2015	15 ~ 397	0.1 ~ 2.65	3.1	69		0.99
	2016	14 ~ 205	0.09 ~ 1.37	4.6	65	− 0.06	0.93
	2017	8 ~ 231	0.05 ~ 1.54	3.1	61.2	− 0.06	0.87
	2018	6 ~ 187	0.04 ~ 1.25	0.55	60.8	− 0.01	0.87
平昌县	2015	47 ~ 68	0.31 ~ 0.45	0	65		0.93
	2016	5 ~ 210	0.03 ~ 1.4	2	57.4	− 0.12	0.82
	2017	17 ~ 196	0.11 ~ 1.31	4.5	59.6	0.04	0.85
	2018	15 ~ 175	0.1 ~ 1.17	3.3	58.2	− 0.02	0.83
通江县	2015	17 ~ 282	0.11 ~ 1.88	7.7	76		1.09
	2016	18 ~ 295	0.12 ~ 1.97	4.8	73.6	− 0.03	1.05
	2017	10 ~ 222	0.07 ~ 1.48	4.1	67.6	− 0.08	0.97
	2018	6 ~ 220	0.04 ~ 1.47	0.55	62.8	− 0.07	0.90

（4）颗粒物（$PM_{2.5}$）

2016—2018 年巴中市各监测点 $PM_{2.5}$ 日均浓度均出现过超标现象，除个别站点外，超标率在 10% 以下。日均极值为 196 μg/m^3，出现在 2017 年通江县。

南江县和平昌县近 3 年年均污染指数都在 1 以下，满足环境空气质量标准（GB3095—2012）二类区二级标准。其他站出现过超标情况，但超标率多在 10% 以下（表 3.5）。

表 3.5　2016—2018 年巴中市 $PM_{2.5}$ 监测评价结果

监测点位	年度	日均浓度范围 /(μg/m³)	日均污染指数范围	日均超标率 / %	年均浓度值 /(μg/m³)	年均浓度同比变化	年均染指数
巴州区	2016	3 ～ 159	0.04 ～ 2.12	10.9	38.2	0.17	1.09
	2017	3 ～ 137	0.04 ～ 1.83	7.9	32.7	－ 0.28	0.93
	2018	3 ～ 152	0.04 ～ 2.03	5.5	33.3	－ 0.30	0.95
恩阳区	2016	3 ～ 131	0.04 ～ 1.75	4.5	29	14.00	0.83
	2017	4 ～ 168	0.05 ～ 2.24	10.4	39.9	1.31	1.14
	2018	4 ～ 164	0.05 ～ 2.19	7.9	36.6	－ 0.24	1.05
南江县	2016	5 ～ 133	0.07 ～ 1.77	6.1	33	—	0.94
	2017	2 ～ 169	0.03 ～ 2.25	7.9	32.6	0.30	0.93
	2018	4 ～ 138	0.05 ～ 1.84	1.92	29	－ 0.76	0.83
平昌县	2016	4 ～ 93	0.05 ～ 1.24	1.7	29.2	—	0.83
	2017	3 ～ 122	0.04 ～ 1.63	5.6	31.2	2.29	0.89
	2018	10 ～ 112	0.13 ～ 1.49	4.1	31.6	－ 0.27	0.90
通江县	2016	5 ～ 215	0.07 ～ 2.87	21.6	50.2	—	1.43
	2017	6 ～ 196	0.08 ～ 2.61	9.8	42	－ 0.55	1.20
	2018	4 ～ 165	0.05 ～ 2.2	6.8	34	－ 0.31	0.97

（5）臭氧（O_3）

近 3 年巴中市多数监测站点 O_3 日最大 8 小时平均浓度基本在标准范围，超标率大多在 1% 以下。平昌县城 2016 和 2017 年超标率略高，分别为 5.1% 和 6.2%（表 3.6）。

表 3.6　2016—2018 年巴中市 O_3 监测评价结果

监测点位	年度	日最大 8 小时平均浓度范围 /（μg/m³）	日均污染指数范围	日均超标率 /%
巴州区	2016	4 ～ 112	0.03 ～ 0.7	0
	2017	3 ～ 165	0.02 ～ 1.03	0.3
	2018	2 ～ 173	0.01 ～ 1.08	0.3
恩阳区	2016	1 ～ 200	0.01 ～ 1.25	3.3
	2017	1 ～ 123	0.01 ～ 0.77	0
	2018	2 ～ 179	0.01 ～ 1.12	0.8
南江县	2016	1 ～ 166	0.01 ～ 1.04	0
	2017	2 ～ 128	0.01 ～ 0.8	0
	2018	5 ～ 192	0.03 ～ 1.2	0.55
平昌县	2016	23 ～ 232	0.14 ～ 1.45	5.1
	2017	2 ～ 192	0.01 ～ 1.2	6.2
	2018	4 ～ 154	0.03 ～ 0.96	0
通江县	2016	14 ～ 184	0.09 ～ 1.15	2.2
	2017	16 ～ 115	0.1 ～ 0.72	0
	2018	2 ～ 167	0.01 ～ 1.04	0.27

（6）一氧化碳（CO）

2016—2018 年的环境监测资料显示除平昌县 2016 年有一天

CO 浓度超标外，其余时间日均浓度都在标准范围内，且日污染指数通常都不超过 0.3 mg/m^3。

2016—2018 年，巴中市各站点日均浓度均未出现过超标现象，除个别站点外，超标率在 10% 以下，满足环境空气质量标准（GB3095—2012）二类区二级标准（表 3.7）。

表 3.7　2016—2018 年巴中市 CO 监测评价结果

监测点位	年度	日均浓度范围 /(mg/m^3)	日均污染指数范围	日均超标率 /%	年均浓度值 /(mg/m^3)	年均污染指数
巴州区	2016	0.5 ~ 2.2	0.05 ~ 0.22	0	1.8	0.45
	2017	0.4 ~ 2.1	0.04 ~ 0.21	0	1.5	0.38
	2018	0.3 ~ 1.6	0.03 ~ 0.16	0	1.2	0.30
恩阳区	2016	0.05 ~ 2.5	0.01 ~ 0.25	0	1.7	0.43
	2017	0.1 ~ 2.2	0.01 ~ 0.22	0	1.4	0.35
	2018	0.2 ~ 2	0.02 ~ 0.2	0	0.9	0.23
南江县	2016	0.133 ~ 1.8	0.01 ~ 0.18	0	0.8	0.20
	2017	0.2 ~ 1.7	0.02 ~ 0.17	0	1	0.25
	2018	0.2 ~ 1.7	0.02 ~ 0.17	0	1.1	0.28
平昌县	2016	0.1 ~ 21	0.01 ~ 2.1	0.28	0.3	0.08
	2017	0.1 ~ 2.3	0.01 ~ 0.23	0	0.4	0.10
	2018	0.1 ~ 2.9	0.01 ~ 0.29	0	1.2	0.30
通江县	2016	0.264 ~ 2.5	0.03 ~ 0.25	0	1.8	0.45
	2017	0.2 ~ 2.3	0.02 ~ 0.23	0	1.6	0.40
	2018	0.2 ~ 2.8	0.02 ~ 0.28	0	1.4	0.35

3.2 水质优良 源清流洁

渠江水系巴河流域总体水质为优，优良水质（Ⅰ～Ⅲ类）为100%，2个国控断面（道河湾和手傍岩）和11个市、县控断面全部达标，达标率为100%。东榆、木梁溪、小摊子、红谷梁、大石盘断面水质有所好转，水质类别由Ⅲ类变为Ⅱ类。2017和2018年，13个监测断面中12个为Ⅱ类水质，占比92.3%，Ⅲ类水质断面仅占比7.7%（表3.8）。

根据水质实际情况，考虑到主要的污染因子和减排指标，选取氨氮、高锰酸盐指数和总磷三项指标进行分析（表3.9）。三个水质指标的单项评价指数都小于1，满足《地表水环境质量标准》（GB3838—2002）中Ⅲ类水域标准。总磷的污染指数范围0.15～0.85，氨氮污染指数范围0.13～0.83，高锰酸盐污染指数范围0.3～0.67，极值都出现在巴河流域巴州段的手傍岩断面。根据评价结果，巴中市水质监测断面主要水质单项指数近年呈下降趋势，主要水质指标氨氮、高锰酸盐指数和总磷浓度均有改善，没出现过超标现象。

表3.8 2015—2018年地表水水质状况

所属区县	所属河流	断面名称	目标类别	2015年水质类别	2016年水质类别	2017年水质类别	2018年水质类别
巴州区	巴河	手傍岩	Ⅲ	Ⅲ	Ⅲ	Ⅲ	Ⅲ
		金碑乡	Ⅲ	Ⅱ	Ⅱ	Ⅱ	Ⅱ
南江县	南江河	东榆	Ⅲ	Ⅲ	Ⅲ	Ⅱ	Ⅱ
		元潭	Ⅲ	Ⅲ	Ⅱ	Ⅱ	Ⅱ
	神潭河	赶场	Ⅲ	Ⅲ	Ⅱ	Ⅱ	Ⅱ
		大河	Ⅲ	Ⅲ	Ⅱ	Ⅱ	Ⅱ

续表

所属区县	所属河流	断面名称	目标类别	2015 年水质类别	2016 年水质类别	2017 年水质类别	2018 年水质类别
通江县	通江河	植物油厂	Ⅲ	Ⅱ	Ⅱ	Ⅱ	Ⅱ
		纳溪口	Ⅲ	Ⅱ	Ⅱ	Ⅱ	Ⅱ
平昌县	巴河	木梁溪	Ⅲ	Ⅲ	Ⅲ	Ⅱ	Ⅱ
		小摊子	Ⅲ	Ⅲ	Ⅲ	Ⅱ	Ⅱ
		红谷梁	Ⅲ	Ⅲ	Ⅲ	Ⅱ	Ⅱ
		江陵	Ⅲ	Ⅱ	Ⅱ	Ⅱ	Ⅱ
		大石盘	Ⅲ	Ⅲ	Ⅲ	Ⅱ	Ⅱ

表 3.9　巴中市 2015—2018 主要水质单项指数评价结果

断面	年度	总磷	氨氮	高锰酸盐指数
赶场	2015	0.2	0.15	0.45
	2016	0.15	0.14	0.3
	2017	0.15	0.28	0.32
	2018	0.18	0.14	0.45
大河	2015	0.15	0.23	0.48
	2016	0.2	0.23	0.38
	2017	0.25	0.28	0.38
	2018	0.17	0.13	0.47
东榆	2015	0.4	0.35	0.62
	2016	0.35	0.37	0.5
	2017	0.35	0.32	0.47
	2018	0.23	0.20	0.5

断面	年度	总磷	氨氮	高锰酸盐指数
元潭	2015	0.25	0.27	0.5
	2016	0.2	0.21	0.38
	2017	0.2	0.29	0.37
	2018	0.23	0.17	0.47
植物油厂	2015	0.23	0.18	0.40
	2016	0.25	0.35	0.43
	2017	0.22	0.31	0.43
	2018	0.20	0.31	0.45
纳溪口	2015	0.20	0.18	0.35
	2016	0.18	0.27	0.37
	2017	0.19	0.28	0.38
	2018	0.19	0.24	0.40
手傍岩	2015	0.40	0.52	0.57
	2016	0.85	0.83	0.67
	2017	0.60	0.62	0.53
	2018	0.50	0.71	0.43
金碑乡	2015	0.25	0.34	0.50
	2016	0.30	0.15	0.58
	2017	0.35	0.19	0.50
	2018	0.25	0.20	0.50
木梁溪	2015	0.22	0.36	0.63
	2016	0.30	0.37	0.53
	2017	0.39	0.31	0.50
	2018	0.28	0.19	0.47

续表

断面	年度	总磷	氨氮	高锰酸盐指数
小滩子	2015	0.18	0.34	0.62
	2016	0.30	0.37	0.52
	2017	0.36	0.26	0.57
	2018	0.32	0.18	0.53
大石盘	2015	0.17	0.34	0.58
	2016	0.30	0.37	0.52
	2017	0.28	0.26	0.45
	2018	0.23	0.16	0.48
红谷梁	2015	0.19	0.35	0.62
	2016	0.31	0.38	0.52
	2017	0.35	0.32	0.57
	2018	0.31	0.20	0.52
道河湾	2015	0.21	0.36	0.62
	2016	0.30	0.37	0.52
	2017	0.36	0.28	0.48
	2018	0.26	0.20	0.52

3.3 山高林茂　生态多样

巴中市各级自然保护区总面积约为 1396.65 km^2，主要保护对象涵盖珍稀动物、植物、河流生态系统、森林生态系统及自然地质地貌等（表 3.10）。保护区内各级生态系统自然过程保护良好，在巴中市水源涵养、水土保持及环境改善方面发挥了重要作用。

表 3.10　巴中市主要自然保护区一览

序号	名　称	面积/km^2	具体分布	主要保护对象
1	四川诺水河珍稀水生动物国家级自然保护区	92.2	通江县	大鲵、水獭、岩原鲤、中华鳖、乌龟、重口裂腹鱼、青石爬鮡等
2	四川光雾山省级自然保护区	249.88	南江县	自然地质地貌
3	四川诺水河省级自然保护区	570.43	通江县	河流生态系统
4	四川大小兰沟省级自然保护区	69.32	南江县	以水青冈属植物为主的森林生态系统
5	四川驷马河省级自然保护区	121.62	平昌县	林麝、红豆杉、森林生态系统
6	四川五台山猕猴省级自然保护区	279	通江县	猕猴、森林生态系统
7	平昌县贾阁山县级自然保护区	14.20	平昌县	森林生态系统

通过遥感反演方法统计巴中市区域内近年来的植被覆盖度（NDVI）（图 3.1），显示巴中市植被覆盖度空间差异较为明显，植被覆盖度低值区主要位于市中心巴州区和恩阳区，此外平昌、南江、通江三县县城所在位置植被覆盖度也较低。植被覆盖度高值区主要位于南江县和通江县。从巴中市植被覆盖变化来看，2000—2005 年平均植被覆盖度由 0.78 上升至 0.79，2005—2010 年上升至 0.85，此后巴中市平均植被覆盖度一直在 0.8 以上，植被覆盖度高值区（>0.7）范围逐年扩大。这一变化源于巴中市实施的天然林保护、退耕还林和污染治理等一系列措施的落实，高植被覆盖区域面积逐年上升，市区绿化环境改善明显，生态环境治理取得了显著成果。

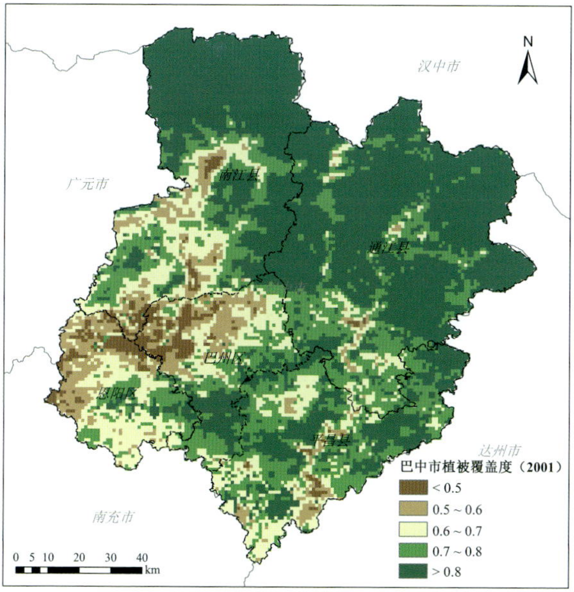
汉中市
广元市
南江县
通江县
巴州区
恩阳区
平昌县
达州市
南充市
巴中市植被覆盖度（2001）
< 0.5
0.5 ~ 0.6
0.6 ~ 0.7
0.7 ~ 0.8
> 0.8
0 5 10 20 30 40
km

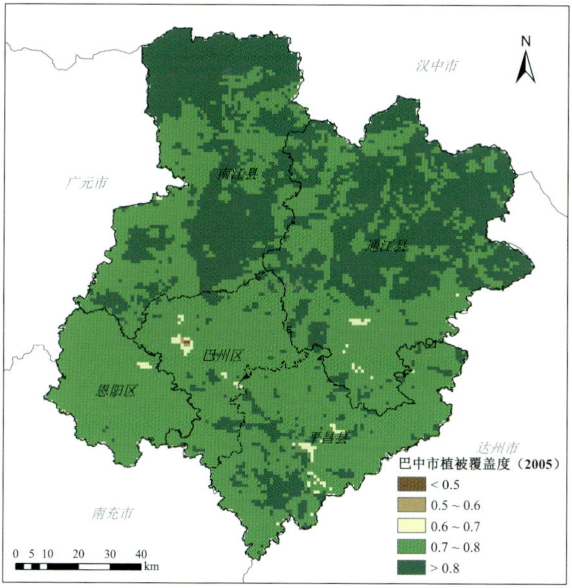
汉中市
广元市
南江县
通江县
巴州区
恩阳区
平昌县
达州市
南充市
巴中市植被覆盖度（2005）
< 0.5
0.5 ~ 0.6
0.6 ~ 0.7
0.7 ~ 0.8
> 0.8
0 5 10 20 30 40
km

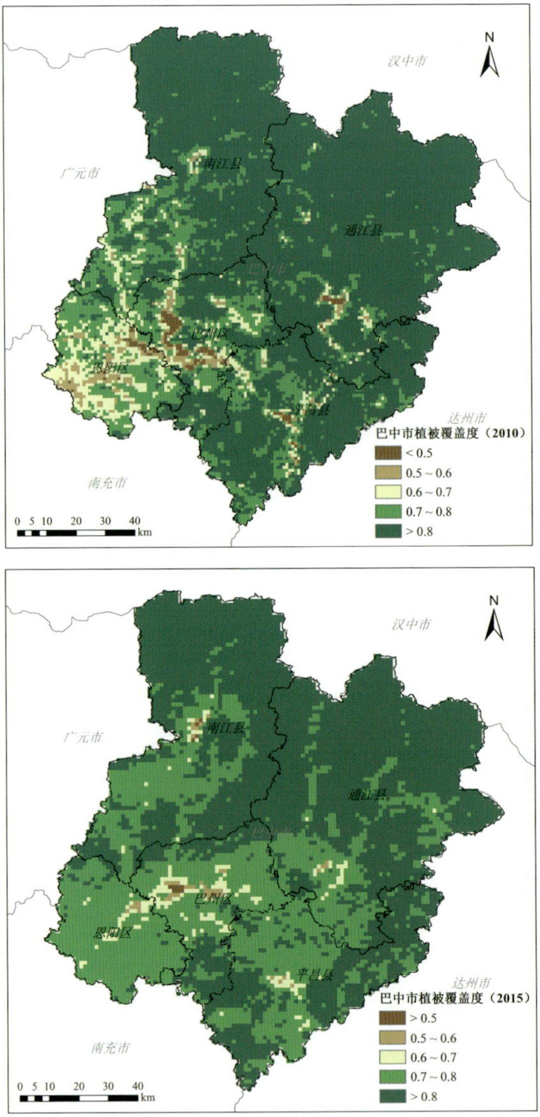

图 3.1　巴中市植被覆盖度（2001—2015）

巴中木本植物有 91 科、233 属、600 余种，其中包括一些珍稀树木，如银杏、三尖杉、红豆杉、巴山榧、巴山水青冈等（表 3.11、图 3.2）。特别是南江的光雾山原始森林保存完好，被专家称为“四川盆地北缘山地重要生物基因库”，集中成片分布着中国大陆的所有水青冈属的 4 种植物（巴山水青冈、米心水青冈、亮叶水青冈、长柄水青冈）。南江境内的巴山水青冈被英国剑桥大学皇家物种协会鉴定为世界稀有树种，列为世界保护树种。

表 3.11　巴中市国家重点保护野生植物一览

类别	数量	名　称
一级保护植物	2	红豆杉、银杏
二级保护植物	10	巴山榧、巴山水青冈、连香树、水青树、鹅掌楸、野大豆、红豆树、黄皮树、旱莲木、香果树

红豆杉又名紫杉、侧柏松，是我国特有的一级珍稀濒危保护植物，为第四纪冰川时期留下的古老树种，是提取抗癌特效药“紫杉醇”的唯一原料。同时红豆杉能够吸纳浮尘，对净化空气有一定效果。巴中市境内野生红豆杉属植物多为南方红豆杉，其中南江县白雾坪为四川境内海拔最低的红豆杉属植物分布地。

巴山水青冈是 1978 年四川省林业勘察设计院教授级高工杨钦周在南江沙河河坝发现并命名的一个新种，是巴中市所在区域内的特有植物。南江县米仓山南麓的巴山水青冈林是四川省分布面积最大、保存比较完整的常绿落叶阔叶混交林，也是适应当地温凉、湿润气候的相对稳定的演替顶级群落。水青冈树形端正，秋叶鲜黄，适于观赏，是米仓山国家森林公园秋季景观的主要组成部分。

鹅掌楸为古老的孑遗植物，为东亚与北美洲际间断分布的典型实例，对古植物学系统学有重要科研价值。巴中境内野生鹅掌楸主要分布于南江县和通江县，鹅掌楸树形端正雄伟，叶形奇特优雅，花大而美丽，秋季叶色金黄，具有独特的景观效果，对有害气体的抵抗性较强，是净化环境的优良树种之一。

连香树为第三纪古热带植物的孑遗种单科植物，是较古老原始的木本植物，雌雄异株，结实较少，天然更新困难，资源稀少，已濒临灭绝，因此被列入《中国珍稀濒危植物名录》《中国植物红皮书》和第一批《国家重点保护野生植物名录》，是国家二级重点保护野生植物种，仅生长在夏季温度较低，平均湿度在 80% 左右，土壤有机质含量丰富的地区，四川境内连香树多分布于川西海拔较高的地区，巴中市南江县米仓山国家森林公园属于连香树生长的海拔下限，境内的连香树群落受人类活动影响较少，保留了种群自然状态。连香树树体高大，树姿优美，叶形奇特，为圆形，叶色季相变化也很丰富，即春天为紫红色、夏天为翠绿色、秋天为金黄色、冬天为深红色，是典型的彩叶树种；而且落叶迟，发芽早，极具观赏性价值。

（a）红豆杉

（b）巴山水青冈

（c）鹅掌楸

（d）连香树

图 3.2　巴中市国家重点保护野生植物

巴中市已知野生脊椎动物 275 种，其中属国家重点濒危、珍稀的野生动物 20 余种（表 3.12、图 3.3）。

表 3.12　巴中市国家重点保护野生动物一览

类　别	数量	名　称
一级保护动物	5	林麝、羚牛、云豹、豹、金雕
二级保护动物	29	猕猴、藏酋猴、小熊猫、黑熊、水獭、黄喉貂、大灵猫、小灵猫、斑林狸、金猫、鬣羚、斑羚、鸳鸯、黑鸢、赤腹鹰、雀鹰、日本松雀鹰、普通鵟、秃鹫、红隼、红腹角雉、勺鸡、白冠长尾雉、红腹锦鸡、红翅绿鸠、领角鸮、鹰鸮、斑头鸺鹠、大鲵

（a）林麝

（b）金雕

（c）羚牛

（d）豹

（e）云豹

图 3.3　巴中市国家重点保护野生动物

林麝目前主产于四川盆地西北缘受人为影响较小的原生林中，巴中境内林麝多分布于南江县和通江县大巴山生物多样性维护 — 水源涵养生态保护红线区域内。雄性林麝的鼠蹊部有麝香腺，能分泌麝香。麝香的香气醇浓，经久不散，早已闻名于世。

羚牛是一种高山动物，栖息于高海拔的高山悬崖地带。巴中市境内羚牛种群属于羚牛四川亚种，是该种地理分布的最南线。羚羊白天隐匿于竹林、灌丛中休息，黄昏和夜间出来觅食，上下往来于群山之中，纵横于悬崖峭壁之间，如履平地。它们身上长有一身厚密的被毛，能抵御严寒。

云豹为国家一级保护动物，是高度树栖性的物种，经常在树木上休息和狩猎，但是它们在地面上的狩猎时间要比树上的更长。云豹多栖息在四川盆地西北部岷山地区的原生林中，垂直高度可达海拔 1600 ~ 3000 m，环境温度在 18 ~ 50 °C。

3.4 悠然静谧 闲适安定

近几年，巴中市各区域声环境质量一直保持较好水平。2013—2018 年，巴中市城市区域噪声总体水平相对稳定，均处于 55 dB 以下，属于国家噪声水平二级（“较好”）范围以内，达到了城市环境综合整治定量考核满分要求；道路交通噪声水平呈现稳中有降的趋势，强度均在 68 dB 以下，属于一级强度，对应评价为“好”。巴中市噪声监测结果显示，全市各类声环境功能区噪声达标率基本为 100%，通过巴中市境内国家一类声环境功能区（指以居民住宅、医疗卫生、文化教育、科研设计、行政办公为主要功能，需要保持安静的区域）2013—2018 年日间及夜间的噪声监测年均值（图 3.4、图 3.5），可见巴中各年度声环境质量基本位于国家标准范围内，声环境质量优良。

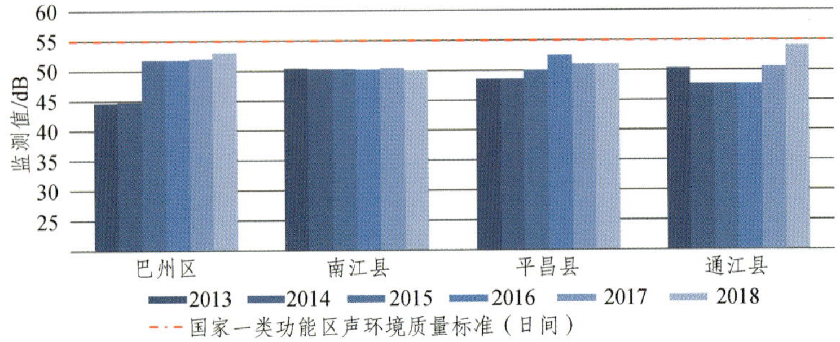

图 3.4　巴中市一类功能区噪声监测结果（日间）

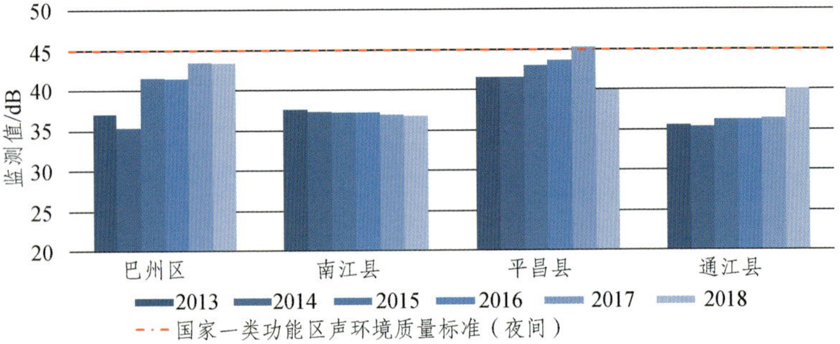

图 3.5　巴中市一类功能区噪声监测结果（夜间）

巴中市与其他热点旅游城市相比，城市区域环境噪声（图 3.6）与道路交通环境噪声（图 3.7）均处于低值，声环境质量优良，能够满足各类功能区需求，提供宁静愉悦的听觉感受。

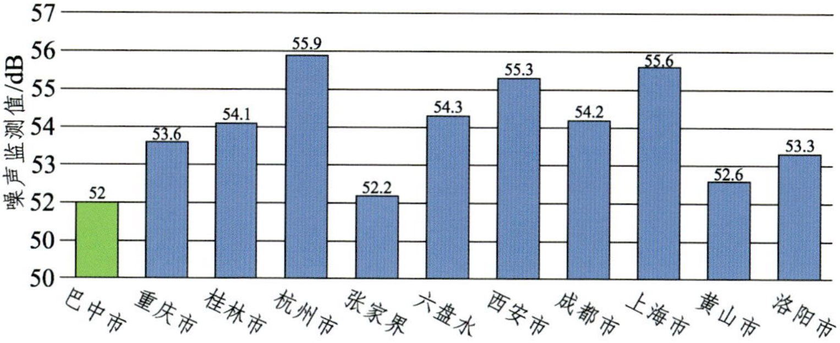

图 3.6　城市区域环境噪声

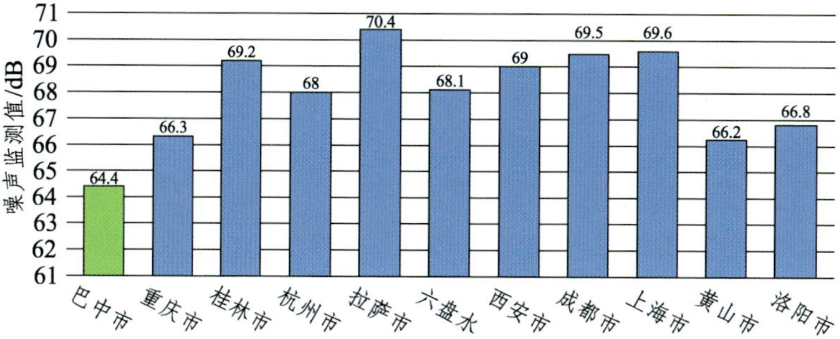

图 3.7　道路交通环境噪声

3.5　天然氧吧　疗愈身心

巴中自然条件优越，生物资源丰富，全市境内林业用地面积 1072 万亩，森林面积 1146 万亩，森林覆盖率达到 62.1%，活立木蓄积 6316 万 m^3，森林尤其是林间的河沟附近负氧离子含量丰富。这种带负电的微粒具有极佳的生物效应，如能改善呼吸功能和心脏功能、镇静、催眠、调节血脂和血压、提高基础代谢率、促进蛋白质代谢、刺激造血功能、增强机体免疫、杀灭肿瘤细胞、抑菌杀菌等，还能治疗哮喘、慢性支气管炎、萎缩性鼻炎、神经性皮炎、溃疡等疾病。巴中市冬季燕子崖监测点区域内负氧离子浓度日平均在 1800 个 /cm^3 以上，高值超过 4500 个 /cm^3；两河口监测点区域内负氧离子浓度日平均在 1500 个 /cm^3 以上，高值超过 4000 个 /cm^3。根据检测结果，2019 年 8—10 月两河口日均负氧离子在 5628 ~ 21 236 个 /cm^3，单次的极值达到 126 100 个 /cm^3。这么高的负氧离子属于具有自然痊愈力，起到治疗和康复效果的等级，能够在一定程度上杀灭、减少致病细菌传播，有利于人体身心健康。研究表明，人体从三十岁以后就开始进入逐渐老化的阶段。荷尔蒙分泌减少，对自由基的氧化性损伤就更为敏感。负氧离子能够随时清除体内多余的自由基，及时补充维护各细胞不足之处，能够帮助保持心脏血管及其他内脏的健康。巴中市宜人的环境与气候条件有助于人体机能恢复，改善人体健康状况，起到养生增寿的作用。目前巴中市有 60 周岁及以上老人 71.16 万人，占总人口 18.9%。其中，80 岁以上高龄老人 6.05 万人，百岁老人 283 人，年龄最大的 116 岁。

近年来，巴中市坚持“以绿色崛起为路径”，把森林康养作为老区振兴发展的重要路径，着力打造全国最佳森林康养目的地，合理开发利用自然资源，围绕全市已知维管束植物 2104 种，源于植物的中草药 1386 种，开发具有独有优势的特色森林康养产品，开展全域森林康养发展。在当今社会的“养生大潮”之下，巴中坐拥多个广受好评的森林康养基地，并荣获“2018 中国生态文明建设样板城市”称号，平昌县入围全国“2018 百佳深呼吸小城”，通江县空山镇、南江县光雾山镇入选“全国最美森林小镇”，巴州区天马山国家森林公园获得“中国森林养生基地”称号，巴中市平昌县石龙村获评“2018年中国美丽休闲乡村”，创建国家级森林康养试点示范基地5个、省级森林康养基地25个、省级森林康养人家30个、市级森林康养基地21个。全市森林康养资源根据区域特点可分为北部、中部、南部三大森林康养重点功能区，以满足不同目的的森林康养需求。

北部森林康养重点功能区范围包括南江县、通江县的43个乡镇，森林面积30万公顷，是渠江源头，保存有46万亩原始森林，拥有大小兰沟、五台山猕猴等自然保护区，米仓山、空山国家森林公园，光雾山、诺水河国家风景名胜区。该区森林康养资源条件好，植物精气（芬多精）、负氧离子等康养因子能够达到医疗级别，宜重点发展森林医疗、中医药旅游、康养温泉等产业，满足访客治疗疾病的需求。空山森林康养基地位于通江县北部山区、米仓山南麓的空山，因奇特的喀斯特地貌、层峦叠嶂的山峰、终年云蒸霞蔚成为众人向往的高品质生态旅游景区，境内森林面积8万余亩，植物种类繁多，三尖杉、红豆树、柏桦树、巴山水青冈、厚朴等保存完好，森林覆盖率在90%以上，因年平均气温在12 °C，气候凉爽宜人，被称为避暑胜地。

中部森林康养重点功能区范围包括南江县、通江县、平昌县、巴州区、恩阳区、巴中经开区的97个乡镇11个街道办事处，森林面积30.8万公顷，野生动植物物种资源丰富，拥有天马山、镇龙山国家森林公园，驷马河国家湿地公园、四川驷马自然保护区。该区城镇较密集，市民森林康养需求稳定，宜重点发展森林体验教育、康养饮食、森林养老等产业，满足访客缓解日常疲劳和消除精神紧张的需求。天马山森林康养基地距巴州区约40 km，植被覆盖率达92.5%，素有“天然氧吧”的美称，先后获得“中国森林康养基地”“四川省十佳森林康养目的地”称号。天马山生物多样性突出，珍稀物种俯拾皆是，中药材储量尤为丰富，野生植物类、动物类、矿石类药材近千种，是康体养生的天然瑰宝，天马山也是理想的康养休闲胜地。

南部森林康养重点功能区范围包括平昌县、巴州区、恩阳区的 47 个乡镇，森林面积 10 万公顷，拥有章怀山省级森林公园和众多各具特色的巴山新居，农业特色产业优势突出。该区森林康养因子基本能够满足预防和康复医学要求，宜重点发展森林体验教育、森林文创、森林体育等产业，满足体验者治疗轻度身体异样和预防生活习惯病的需求。皇家山文茶旅康养胜地和三十二梁森林康养基地为南部森林康养重点功能区的代表性康养基地。皇家山文茶旅康养胜地位于巴中平昌县西兴镇皇山村和土垭镇晨光村境内，面积 12.6 km^2，是集“翻山铰子”文化体验、茶旅康养于一体的康养休闲、旅游度假胜地。其内山峦起伏、松林密布，素有“九弯十八沟”之称。皇家山自明清以来就盛行种茶，20 世纪 70 年代后大力发展茶叶种植，6000 余亩茶树依山就势绵延起伏，似跳跃的琴键，在大自然间演绎着茶韵天籁，形成了稀有的低海拔云海景观。茶园土壤富含硒、锌、铁等微量元素，加工出来的茶叶“香高、味浓、耐冲泡、口感舒适、耐人回味”，被中国农科院论证为有机茶并多次荣获国际、国内茶博会金奖。2016 年，皇家雀舌有机茶叶园区被授予“全国三十座最美茶园”称号。景区已成为国家级非物质文化遗产“翻山铰子”体验基地。三十二梁森林康养基地位于平昌县云台镇三十二梁景区内，景区内始建于唐代的千佛殿古韵悠长，见证科举的刘家大院古朴端庄，蔡家大院历经 300 多年沧桑，万亩七彩林、芍药花海、生态茶园、十里樱花长廊等点缀其间，是川陕渝地区首个集生态茶园景观、巴人古村院落和森林康养产业于一体的乡村旅游特色景区。

为积极打造良好的康养环境，巴中市委、市政府从规划、建设用地、税费减免、放开市场、推动医疗卫生资源进入养老领域等方面予以支持。近年来全市累计投入财政资金达 2 亿元，吸引社会资本近 10 亿元投入养老服务领域，为推动全市养老服务业发展提供资金保障。按照公办养老机构床位每张 4 万元、民办养老机构床位每张 1.1 万元、城市社区日间照料中心每个 30 万元、农村社区日间照料中心每个 25 万元的标准进行补贴。市委市政府将养老服务设施建设用地纳入城镇土地利用总体规划和年度建设用地计划优先保障。全市基本形成了“居家为基础、社区为依托、机构为补充、医养相结合”的多层次养老服务体系。打造互联网 + 居家社区养老，依托巴中市建成的四川省首个以市为单位的民政全业务信息管理平台，建立“巴中居家养老服务信息系统”，将政府购买居家养老服务对象、线下服务商、呼叫中心接入平台，实现“呼叫接听、工单受理、工单转派、服务监督、咨询投诉、服务回访、服务结算、服务预警”一站式服务。通过政府购买服务方式，设置覆盖全市的居家养老服务呼叫中心，为全市政府购买居家养老服务对象提供线上接转、咨询回访等服务，协助做好居家养老的事前、事中、事后监督。研发“巴中市居家养老服务手机 APP”，通过手机 APP 的“分派、接受、执行、结算、管理”等功能，线上线下使工作人员实施呼叫接听、工单受理、工单转派、咨询投诉、流程跟踪、监测回访和预警处置，对应服务对象需求开展“助餐、助浴、助洁、助急、助医”等约 35 项线下居家养老服务。各区县通过政府采购方式，确定养老服务承接商，提供居家养老上门服务。开通巴中市居家养老的通讯服务专线，7 个座席可同时接听来电，30 秒内完成服务派单。到 2020 年，养老服务设施将覆盖巴中市全部城市社区，90% 以上乡镇和 60% 以上农村社区建立养老服务设施和站点，养老床位数达到 2.6 万张以上，每千名老人拥有养老床位 35 张以上。通过大力引进、孵化培育、政府购买服务支持等方式，发展壮大社区居家养老服务社会组织；引导社会中介组织、家政服务、老年照护服务有序参与到社区居家养老，在社区服务设施中融入日间照料、康复保健、文体娱乐等功能，引导微型社会组织、社工队伍参与其中，为老人提供专业化、多元化服务。同时大力发展“医养＋康养”融合发展模式，实现医疗服务与养老服务业无缝衔接。医疗卫生资源有序进入养老机构、社区和居民家庭，全市现有 94 家养老机构与医疗机构建立绿色通道，形成协作关系，二级及以上综合医院开设老年病科达 100%，提供中医药健康养老服务的养老机构达 35%。其中恩阳区蓉创养老公寓与成都中医药大学建立合作关系，形成产、学、教、研一条龙运行机制；通江县已建成具有代表性的规范性、综合性民营医养中心——大椿养老康复中心；平昌县老年康复中心、南江县仁爱医养中心为老年人提供慢性病治疗、康复理疗、护理照料、临终关怀等养老服务。全市实施居家老人家庭医生签约服务人群覆盖率达 88.23%。

截至 2018 年，巴中市医疗卫生机构万元以上设备总价值 152151 万元，医疗卫生机构房屋建筑面积 143.83 万 m^2。拥有医疗卫生机构 3274 个，其中医院 78 个，社区卫生服务中心（站）31 个，乡镇卫生院 230 个，诊所（卫生所、医务室）459 个，门诊部 2 个，村卫生室 2445 个，疾病预防控制中心 6 个，卫生监督机构 6 个，妇幼保健院 6 个，形成覆盖城乡、功能齐全、分工协作的四级医疗卫生服务体系。全市荣获四川省突出贡献的优秀专家 3 名，四川省学术和技术带头人（中医）2 名，四川省学术和技术带头人后备人选 1 名，四川省拔尖（中青年）中医师 7 名，四川省级名老中医 15 人，巴中市级名老中医 30 名，四川省基层卫生拔尖人才 14 名，四川省临床技能名师 3 名，建成省级重点专科 20 个，市级重点专科 32 个。全市范围内普遍适用不同疾病、不同服务特点的多元复合式医保支付方式。48 家定点医疗机构开通省内异地刷卡结算，新增 4 家医疗机构接入跨省异地结算平台。首次在 20 个行政村开通“三个就地”医保服务，部分业务实现村级直接经办。

第 4 章　康旅圣地

巴中市是一个山美、水美、景美、人美的文旅圣地，处处流淌着灵动飞跃、钟灵毓秀的秀美气息，境内旅游资源丰富，文化厚重，红色、古色、绿色、特色叠加，风景秀、美、雄、奇、险、幽，大巴山的万千群峰之间，天地造化穿越岁月的苍凉，孕育出了以天下奇作——南江光雾山、通江诺水河国家级风景名胜区为代表的自然风光；米仓古道穿越 3000 年岁月，荟萃中原西南文明，繁衍传承着中华优秀血脉，留下了盛唐石窟万千彩雕、汉宋城堡座座古镇和历代巴人的英雄壮歌；全国最大的红军将帅碑林、红军石刻标语群、红军烈士陵园留存至今；这里扼巴蜀门户，号“秦川锁钥”，是“巴文化中心、川陕苏区首府、晏阳初故里”，拥有着世代广袤丰厚的绿色生态宝库和吸引世人的观光养生旅游资源（表 4.1）。

表 4.1　巴中市 A 级景区名录

序号	县区	景区名称	等级
1	巴州区	南龛石窟	AAAA
2		山水化湖	AAAA
3		七彩佛龛	AAAA
4		天马山森林公园	AA
5	恩阳区	恩阳古镇	AAAA
6		万寿养生谷	AAAA
7	经开区	国色天乡嘉年华乐园	AAA
8	南江县	光雾山	AAAA
9		米仓山	AAAA
10		醉美玉湖—七彩长滩	AAAA
11		云顶茶乡	AAAA
12	通江县	诺水河	AAAA
13		王坪景区	AAAA
14		空山天盆	AAAA
15		红四方面军总指挥部旧址纪念馆	AAA
16	平昌县	佛头山	AAAA
17		巴灵台	AAAA
18		驷马水乡	AAAA
19		南天门	AAAA
20		三十二梁	AAAA
21		皇家山	AAAA
22		白衣古镇	AAAA

巴中历史文物、革命文物和民俗文物十分丰富，在第二次国内革命战争时期，是全国第二大苏区川陕革命根据地的中心和首府，1933 年川陕苏区设特别市；在第三次国内革命战争时期，是川北地下党所成立的中心县委所在地。全市现有不可移动革命文物 354 处 438 点，可移动革命文物 3 万余件，主要保存于川陕革命根据地博物馆、川陕苏区将帅碑林纪念馆、红四方面军总指挥部旧址纪念馆、巴山游击队纪念馆、刘伯坚纪念馆。现已建成各类博物馆（纪念馆）11 个，村史馆（农耕文化博物馆）68 个，打造各类教育基地 20 余个，面向机关干部、中小学生、部队官兵、社区居民等常态开展党性教育、革命传统教育、爱国主义教育等活动，年接待游客 600 余万人次。巴中为中国革命做出了重大贡献，在历史上曾受到毛泽东的高度评价。

根据《巴中市全域旅游规划（2018—2035）》，巴中旅游发展构筑“一城四核四区，两轴一环”总体空间结构，形成多层次、成网络，促进城市发展的旅游空间格局。一城：以巴中中心城区为主体，打造现代森林公园城市，承载巴中及秦巴山片区的旅游发展目的地、集散地、中转地的综合服务功能。四核：以光雾山 - 诺水河景区、黄石 - 恩阳旅游度假区、川陕苏区王坪景区、白衣古镇 - 皇家山为四大核心景区，集聚旅游产业形成四大旅游集聚区。四区：光雾山 - 诺水河世界遗产旅游产业集聚区，以光雾山景区和诺水河景区为核心，拓展光雾山 - 诺水河世界地质公园及周边服务基地，集聚发展山地运动、森林康养、休闲度假等产业，打造为世界级山水特色旅游区、一流高端休闲度假地；现代森林公园城市旅游产业集聚区，以巴中老城区、黄石 - 恩阳旅游度假区为核心，延展近郊资源，打造巴中旅游集散枢纽、原真巴文化旅游体验区、休闲度假旅游区、森林康养集聚区；川陕苏区红色体验旅游产业集聚区，以王坪景区为核心，整合通江县城、毛浴古镇、得汉城等资源形成红色旅游产业集中区；平昌乡村休

图 4.1　巴中旅游空间分布图

闲旅游产业集聚区，以白衣古镇为核心，整合平昌县城、三十二梁、皇家山、驷马水乡、南天门、巴灵台等区域，打造巴人乡村休闲特色产业集聚区。两轴：西轴，依托巴陕高速，串联万寿养生谷—黄石旅游区—巴中城区—光雾山景区等，向南对接成都、南充、重庆，向北对接汉中、西安、银川等方向的客源；东轴，依托镇广高速，串联白衣古镇—三十二梁城—燕亭山旅游度假区—王坪景区—空山天盆，向南对接广安、达州，向北对接镇巴、安康、西安、武当山等方向的客源。一环：两轴之间以旅游产业融合发展环联系。一环是以米仓大道、诺水河快速路、平昌三十二梁风景廊道、恩广高速、Y065 乡道等串联两大发展主轴，连接重要节点和乡村休闲节点，形成巴中旅游发展主环，是巴中旅游产业融合发展的环线。

4.1 巴山巴水　休闲康旅

4.1.1 多彩光雾山

光雾山是国家级风景名胜区，地处成都、重庆、西安三大城市的几何中心——川陕交界处的米仓山南麓，面积 830 余 km^2。光雾山主峰海拔 2500 m，顶峰三尖二缺，远远望去犹如一尊睡佛，因常年云雾缭绕而得名。

光雾山是一方神奇秀丽的自然山水，地形复杂，层峦叠嶂，峰林俊美，洞穴幽深，山泉密布，云蒸雾绕，林海浩荡，胜景众多，有中国红叶第一山的美誉。山内动植物资源十分丰富，生态文化秀美奇特，是国内“春赏山花、夏看山水、秋观红叶、冬览冰挂”的旅游胜地。以秀丽奇特的群峰为代表，苍翠茂密的森林植被为基调，集秀峰怪石、峭壁幽谷、溪流瀑潭、原始山林为一体，可集中概括为“峰奇”“石怪”“谷幽”“水秀”“山绿”五绝。光雾山风景名胜区有桃园、大坝、大江口、神门、小巫峡五大景区，主要景观360多处。境内还有喀斯特峰丛地质地貌景观和三国文化、米仓古道遗迹等人文景观。巴中光雾山地处第二次国内革命战争时期川陕苏区的中心，是一片红色的土地，而且由于大自然的神奇造化和宜人的生态环境，成为世人追求时尚、回归自然的观光休闲度假旅游胜地。

光雾山属亚热带湿润季风气候，四季景色分明，垂直变化明显，昼夜温差较大，水多雾多。四季雨量充沛，非常适宜森林植被生长，植被覆盖率达到98%。光雾山风景区主要以苍翠茂密的森林植被为环境基调，一年四季均有独特景观。每年春季光雾山杜鹃花次第开放（图4.2），光雾杜鹃被喻为用革命先烈鲜血染

图4.2　光雾之春

红的花，百里花山色彩缤纷，犹如大片的锦缎铺山盖岭，百态千姿，漫山遍野，繁花万朵，独树成春。“人间四月天，光雾看杜鹃”已成为光雾山春季旅游的重要品牌。夏季的光雾山（图4.3），是一幅天然的山水画，绿色的山，白色的云，蓝色的天。泉水纵情地在山间流淌，充满活力与朝气，为光雾山带来无限的生气。

图 4.3　光雾之夏

站在山顶，闭眼呼吸，空气中树叶与泥土的清新夹杂着阳光的味道，从鼻子到肺，是那么畅快无阻，仿佛自然与人体合而为一，不愧是避暑圣地。光雾山冬季雪景漂亮之极（图 4.4），尤其是在寒潮过后的光雾山银装素裹，大地白雪皑皑，到光雾山景区的游客在雪地上撒欢、堆雪人、打雪仗、玩拍摄，仿佛进入了一个童话世界，放松身心，回归自然。

图 4.4　光雾之冬

漫山红叶，就是巴中红。秋天光雾山的红叶最具特色(图4.5)，著名诗人梁上泉曾为光雾山红叶吟诗一首："巴山一夜风，木叶映天红。色比桃花艳，秋如春意浓。"每到10月仲秋，誉为"中国红叶第一山"的光雾山将向世界呈现"最美秋天"的视觉盛宴。光雾山属国家AAAA级景区，红叶可观赏面积达580 km^2，万山红遍、层林尽染、气势磅礴，是"亚洲最长天然红地毯""中国红叶之乡"。光雾山的秋天被誉为"中国最美的秋天"，分五彩斑斓、层林尽染、万叶飘丹三个阶段，让人震撼与惊叹。

图 4.5　光雾之秋

光雾山的红叶一是面积大，气势壮观，红叶景观区占光雾山景区总面积的 70% 以上。二是色彩丰富，五彩斑斓，一般红叶景观以红色为主，而光雾山的红叶颜色呈梯次变化，蓝、绿、黄、橙、红各色兼备，这是其他红叶观赏区无法相比的。三是周期长，景色分明，红叶观赏时间长达一个月之久。较我国驰名中外的四大赏枫胜地之一的香山红叶，光雾山红叶景观面积更大，为香山红叶全园面积的十倍以上，观赏期也更长。四是种类多，内容丰富，光雾山红叶有水青冈、枫树、椴树、蔷薇科等 40 多个品种，有手掌状、羽毛状、船形状、针形状等 20 多种形状，有火红、品红、酒红、赭红、玫瑰红、紫红、金红等 10 多种颜色。五是品位高，出身名门，先后曾有英国、德国、法国、加拿大和美国的植物专家考察后，把光雾山景区称为“金区”，把光雾山红叶称为“金叶”。其中红叶树木以享誉中外的“巴山水青冈”为主，被英国皇家学会鉴定为“冰川时期遗留下的植物活化石”，世所罕见。

4.1.2　神秘诺水河

为响应联合国教科文组织的“国际地球科学与地质公园计划（IGGP）”，中国政府推动地质遗迹保护、建立地质公园的计划，为更好地保护公园内独具特色、具有重要价值的地质遗迹景观，2006 年批准建立了光雾山、诺水河两个省级地质公园，2012 年正式批准建立了光雾山 - 诺水河国家地质公园。2018 年，联合国教科文组织执行局正式批准光雾山 - 诺水河地质公园成为世界地质公园。

光雾山 - 诺水河世界地质公园的诺水河景区位于通江县诺水河镇（图 4.6），面积 238 km^2，属亚热带湿润性季风气候，独特的地质构造条件、岩石组合以及气候因素造就了诺水河宏大的溶洞群、艺术般的钟乳石景观、临江峡谷、空山峰林等地质遗迹景观。

内有“诺水洞天”“临江丽峡”“空山天盆”三大独立景区，以山青、水秀、洞奇、石美和谐统一为主要特色。

图 4.6　诺水之春

景区内喀斯特地貌溶洞群，是国内外分布密度最大的喀斯特溶洞群之一，诺水河目前已发现的 128 个洞穴，分布密度达 1.33 个 /km^2。景区可观景点达 300 余处，不同风采的险滩、碧潭 300 余处，各类瀑布、暗流、喷泉、水帘 100 余处，奇峰峭壁、丽峡幽谷、险道雄关约 75 处；群山耸翠、秀水中流、溶洞密布，奇泉遍地，险峰兀立，怪石丛生，关隘、峡谷、飞瀑、暗河比比皆是。

这里山山有洞，洞中有洞，洞洞毗邻，各具特色，被称为“溶洞之乡”（图 4.7），其溶洞地层和岩石的多样性，发育在震旦系、寒武系、奥陶系、志留系、二叠系、三叠系等六个不同地质时代地层的石灰岩、白云质灰岩、白云岩中，国内罕见。

景区中峰洞、龙湖洞、仙人洞、狮子洞、楼房洞、宋家洞等洞内钟乳石五光十色、千姿百态，状若天庭水府，洞穴沉积的多样性，形成了别具一格的大型石瀑布、石盾群、鹅管群（图 4.7）、石旗群等洞穴沉积景观，每个溶洞都有自己独具的特色。狮子洞、宋家洞中的钟乳石样品（图 4.8），经放射性同位素的年龄测定，

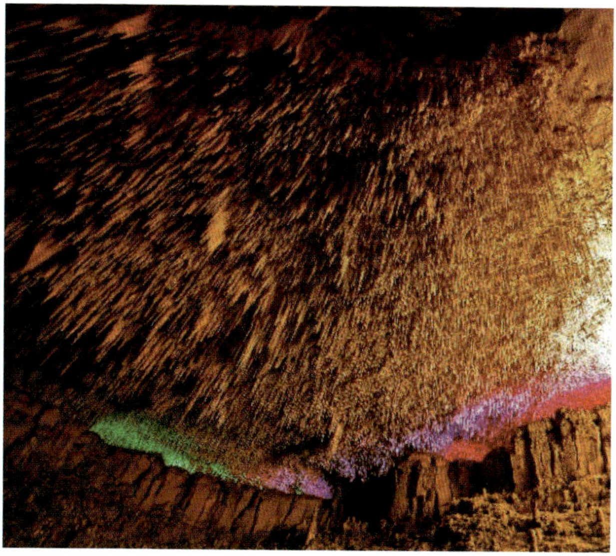

图 4.7　龙湖洞的鹅管

图 4.8　狮子洞

其形成年代距今1.1年至14.7万年，主要是中更新世晚期以来形成的。这里是中国南北岩溶过渡地区岩溶地貌的典型代表，是研究中国岩溶的理想场所和关键地区。

4.1.3 江口水乡

巴中不仅山美，水更美，巴中的水虽没有“黄河之水天上来，奔流到海不复回”的气势，也不似江南水的柔情，却也是流淌千年。所谓一方水土养一方人，巴水就这样守护着巴中的一土一木，守护着巴中儿女。

江口水乡是巴中市首个国家级水利风景区（图4.9）。湖水清澈，登高眺望，犹如一个巨大的碧玉珊瑚，或迂回蜿蜒，或碧波荡漾，湖光水色十分壮美。景区包括“两站一库一镇”，即风滩电站、双滩电站、牛角坑水库、白衣镇，是“川陕旅游金三角”的重要组成部分。其水利资源得天独厚，有5亿 m^3 库容、20多万亩水面，珍稀古树红豆树、楠木、银杏等更是多达160多种，是有氧运动深呼吸圣地，古镇、山、水组合绝妙，浓重的翰林文化、精彩的玩乐项目完美结合。

图4.9 江口水乡风滩河段

“湿地体验名镇、度假养生之都、川东北文化水乡”的驷马水乡更是巴中平昌城市名片之一，历史人文底蕴深厚（图 4.9）。以水乡生态、湿地保护和景观湖为特色，意在打造独特而有序的感官体验，真正达到移步换景的目的，实现“人在画中游，景在画中走”的效果。著名画家罗中立的油画《父亲》的原型诞生于此，记录片《山里的日子》在此孕育，宋仁宗年间四下河南为父伸冤的孝女赵琼瑶从此扬名。这里是国家级水利风景区江口水乡、驷马河国家湿地公园的重要组成部分，四川省十大最美人工湖坐落于景区中，是湿地体验、度假养生的上佳之地，有“《父亲》故里，山里水乡”之称。

图 4.10　驷马水乡

4.1.4 山水化湖

山水化湖景区位于巴州区化成镇，是国家 AAAA 级旅游风景区、国家级水利风景区（图 4.11）。62.1% 的森林覆盖率造就了境内青翠欲滴、生机勃勃的繁茂景象。它是蔡家河、武圣河、牛心山河、吴家河、赵家湾、长滩河、刘家河七条河流彼此相连交接成湖，形成了山与水的对话。景区按照“一心、两环、七谷、多点”规划建设，“一心”指廉政文化教育中心，“两环”指 6.6 km 环湖生态绿道和环山而建的山水生态小镇，“七谷”指清风竹翠谷、清趣百花谷、清心颐养谷、清翠核桃谷、清林药养谷、清韵桃花谷和清馨银杏谷七个特色产业与生态休闲山谷，“多点”即多处林盘院子和廉政教育点位。

图 4.11　山水化湖

这里也是一座以农业灌溉为主，兼具城镇生活供水等综合性利用的中型水库，总库容 6565 万 m^3，水质优良，清新透澈，能为 368 万巴中人“解渴”。而化成镇也是川北地下党的发源地，红色文化氛围浓郁。近年来，景区内市廉政教育培训中心和市法纪教育基地相继建成，并依托环湖廉政公园的建设，将化湖打造成为休闲清净自然之风与廉政教育清正高洁之风相融合的特色景区，成为水生态文明建设与政治文明建设相结合的典范。

4.1.5 空山天盆

云端山巅的喀斯特奇观——空山天盆（图 4.12），位于通江县北部，典型的高山岩溶盆地景观，盆地底部平坦，东西

图 4.12 空山天盆喀斯特溶蚀盆地

长 8.5 km，南北宽 1.5 km，面积 60 km^2。盆地的最低处海拔 1150 m，高出空山周围河谷 600 m 以上，天盆四周共有 137 座山峰，海拔一般 1450 ~ 1800 m，最高峰 2088 m，山体上有丛峰及石芽，远看层峦叠嶂，高耸入云，终年云蒸霞蔚，景色变幻无穷，宛如一个“天然盆景”。盆地中及周边山坡上有许多喀斯特落水洞，因地下及周围山岭中，岩层常被溶蚀掏空形成溶洞和地下河，故谓“空山”。奇特的喀斯特地貌，在这海拔 1400 多米的高山上，造就了 13 km^2 的高山盆地，故称“空山天盆”。

景区由地貌、生物、人文、天像、水体五大景观汇合而成，有 80 多个著名景点，主要分布在空山乡、临江乡、两河口乡一带，包括空山坝、挂宝岩、猴子峡、椒园子等四大景区。这里将奇特的溶岩地貌，神秘的原始森林与二战时期李先念亲自指挥空山战役的遗迹融为一体，被誉为“世外桃源、人间仙境”，是川东北地区森林康养、避暑度假、山地运动、红色旅游最具潜力和活力的旅游区。

4.1.6 王坪景区

王坪景区（图 4.13）位于通江县王坪村，面积 4.2 km^2。这里有全国最大的红军烈士陵园 —— 川陕革命根据地红军烈士陵园，全国唯一的红军为牺牲战友建造的烈士墓碑 —— 红四方面军英勇烈士之墓碑，全国最著名的红军石刻标语 —— 赤化全川。陵园由铁血丹心广场、千秋大道、英勇烈士墓、无名烈士纪念园、英烈纪念墙、红军烈士纪念馆等组成，其中川陕革命根据地红军烈士陵园是全国重点文物保护单位、全国重点烈士纪念建筑物保护单位、全国爱国主义教育示范基地、全国 100 个红色旅游经典景区、全国 30 条红色旅游精品线路之一。

图 4.13　王坪景区

4.1.7　红四方面军总指挥部旧址纪念馆

红四方面军总指挥部旧址（图 4.14）位于四川省通江县诺江镇文庙街，北依炮台，前临诺水，是全国重点文物保护单位，1995 年和 2001 年分别被中共四川省委、四川省人民政府和中共中央宣传部命名为爱国主义教育示范基地。2004 年被列为全国红色旅游经典景区、全国爱国教育基地，胡耀邦、江泽民先后为其题

图 4.14　红四方面军总指挥部旧址

写了馆名。该馆是社会主义精神文明建设和进行革命传统教育的重要阵地和“红军城”的标志性建筑。

现存建筑是位于第二平台上的戟门（指挥部警卫室），东庑（徐向前总指挥办公室），西庑（指挥部机要室）和第三平台上的大成殿（指挥部作战室）。占地面积1512 m^2，建筑面积680 m^2，房屋22间。整个建筑造型凝重，结构谨严，雕梁画栋，具有很高的艺术性和观赏性，是川东北保存较为完整的明清古建筑之一。分布在第一平台的万仞宫墙、鼓楼、畔池、棂星门毁于近代，现建有2万 m^2 的红军广场，广场上层有《巴山星火》不锈钢雕塑，下层有“红军入川、建立政权、平分土地、传播马列、群众支前、浴血奋战”青石浮雕墙。1932年12月25日，红四方面军解放通江城，总部随即进驻于通江文庙至1935年春。在长达两年半的时间里，方面军总指挥徐向前、政委陈昌浩、副总指挥王树声、参谋长曾中生在这里运筹帷幄，先后指挥了反敌“三路围攻”“三次进攻战役”、反敌“六路围攻”等重大战役战斗，使根据地扩展到42 000多 km^2，辖22县1个市，人口约500万，为中华苏维埃共和国第二大区域，红军也由入川时的4个师15000多人发展到5个军，8万多人，为中共党史、中国革命史写下了光辉篇章。

4.2 巴娱巴乐　健身康体

近年来，巴中市不断顺应现代都市人追求健康生活的理念，积极发展体育事业，统筹城乡体育基础设施建设，建成市体育中心、县（区）“一场一馆一中心”等体育设施，启动市、县（区）“10分钟体育健身圈”和农村乡镇“15分钟运动圈”工程。营造体育健身氛围，大力开展全民健身活动，增强人民体质。大力培养体育后备人才，推动山地网球、山地国际马拉松、山地自行车运动等自主品牌发展，制定实施以足球为突破口的“三大球”振兴发展计划。推进体育产业与旅游、健康等关联产业融合发展，发展打造生态农业、生态小镇、运动养生等旅游产业，结合本地资源，举办多种旅游节事活动（表 4.2），提供多元化有新意的旅游休闲产品，打造巴中山地运动休闲城市，建设秦巴山地体育旅游区。

表 4.2　巴中节事活动

节会名称	举办时间
光雾山冰雪节	1 月
正月十六登高节、迎春灯会	2 月
新场油菜花海旅游节、山水化湖桃花节、东郡水乡摸鱼节	3 月
“巴中云顶”茶文化旅游节、光雾山杜鹃花节	4 月
南天门玫瑰风情旅游节	5 月
光雾山休闲避暑节、玉湖龙舟赛	6 月
荷花节	7 月
果蔬采摘节	8 月
环中国国际公路自行车赛（巴中赛段）、玉湖抢鱼大赛	9 月
光雾山红叶节、巴人文化艺术节	10 月
大酥肉节	11 月
庖汤节	12 月

4.2.1 多彩光雾节

“九寨看水，光雾看山，山水不全看，不算到四川”依托美丽神奇的光雾山，巴中市举办了各种特色节事活动，有一眼望去，冰花雾凇坠在枝头，满树雪白，游人留连忘返的光雾山的冰雪节；有“人间五月芳菲尽”，岭上独开映山红，当你还在流连美好时光、觉意正浓的时候，来自大巴山南麓光雾山岭上的缕缕幽香早已在人间弥散开来，映山红绵延百里山川、含情怒放，迎来了光雾山的杜鹃节；炎炎夏日，比 24 °C 空调更美好的，是脱离钢筋的丛林，是汗流浃背时的一阵微风，在浮躁和喧嚣的世界里，于心灵一隅求一刻宁静，波澜不惊的光雾山散发出温柔娴静的气质，迎来了光雾山休闲避暑节；接着来到了秋天的主场，惊艳连连，气势磅礴、万山红遍、万众瞩目的由巴中市人民政府主办的一年一度的“中国四川光雾山红叶节”（图 4.15），给世人展示了光雾山火红的绚烂和巴中火热的情怀。

图 4.15　光雾山红叶节

自 2003 年以来，“中国 · 四川光雾山红叶节”已连续举办 17 届，成为全省、全国乃至全球人民共享的物质和精神财富盛典。红叶节期间，遍布群山沟壑的水青冈类、枫树类、椴树类、漆树类、桦木类等40余个树种的彩叶渐次变色，万山红遍，层林尽染，游客们无不为此绝色惊叹。光雾山红叶节先后被列为全国100个、全省18个重大旅游节庆活动之一，2010年被《中国节庆大全》收录并作重点推介。在这里，不管什么时候总能让你找到喜欢的自己。这片红色的土地，由于大自然的神奇造化和宜人的生态环境，成为世人回归自然的观光休闲度假旅游胜地。

4.2.2 趣味赛事

依托优良气候生态条件和休闲的民俗风情，巴中市精心策划、推广了各类品牌赛事，当地旅游休闲避暑文化吸引了周边近万名游客前来参与，活动不仅弘扬了传统民俗文化，更促进全民健身与人文交流。有火热激情的龙舟赛事，有热情高涨的拔河比赛，有平路与爬坡完美结合的环中国国际公路自行车赛（巴中赛段）（图4.16），有乡村特色抢鱼大赛，当地居民和游客数万人参加活动，男女老少齐上阵，入湖抓鱼抢鱼，场面蔚为壮观。以各类原生态乡村旅游为基础，带动农村产业转型，更好的丰富当地居民文化生活，发展和谐幸福新农村。

图4.16 环中赛巴中赛段

4.2.3　正月十六登高节

正月十六登高节，巴中当地传统的民俗节日活动（图 4.17），迄今已有上千年历史，已被列入四川省非物质文化遗产名录，起源于古代巴人“游山去百病”习俗，丰富于民间传说《章怀太子贬巴州》故事。《帝京岁时记胜》中写道：“元夕妇女群游，祈免灾咎。前一人持香辟人，曰走百病”。据载，唐永隆元年（公元 680 年）八月，武则天贬章怀太子李贤为庶人到偏远大巴山的巴中，从此年年正月十六，太子都要登临南龛山、望王山北望长安，祈求回到亲人身边。百姓感念太子重农垦，恤民情，相邀尾随陪行登山，久之成俗，历代不衰。在登高节期间，各种民间民俗文化活动十分丰富。有焚香转山、“打儿洞”求子、过桥去病、摸福摸寿等活动；有传承千年的皮影表演；有草编泥塑艺人的精湛技艺；有传统美食的制作销售；有增添气氛的秧歌表演等。

图 4.17　正月十六登高节

4.2.4　“巴中云顶”茶文化旅游节

“青山秀水育佳茗，茶香诗韵聚浓情”。巴中不仅体育文化发展蓬勃，更积淀了浓厚的饮食文化和多姿多样的节日民俗。“巴中云顶”茶文化旅游节（图 4.18），让你感受独特的巴山茶文化、茶风情、茶乡游；还有采茶制茶斗茶大赛、茶魁拍卖、茶歌对唱、采茶制茶体验、篝火晚会、春到乡村、游魅力茶乡、住巴山新居、品巴食产品等系列活动，全力打造休闲、时尚、安全、品质的乡村旅游品牌，记录了巴中厚重的历史文明，勾勒了绿色生态的发展之路，奠定了“全国富硒绿茶优势产区”的坚实基础。巴中得天独厚的优势水资源和独特的地形，孕育了众多藏于高山云雾之中的巴中云顶茶，“云顶茗兰”“云顶绿芽”等茶叶品牌先后多次荣获中国农业博览会金奖、国际茶叶博览会金奖，茶叶品质有口皆碑、享誉业界。

图 4.18　茶文化旅游节

4.2.5　巴人文化艺术节

巴人文化艺术节是由巴中市牵头主办，泛巴区域城市广泛参与的区域文化交流活动，是泛巴区域重要的文化旅游节事品牌，迄今为止，已举办 7 届。2002 年 4 月 29 日，巴中人民翘首以盼的巴人文化艺术节首次举行。活动旨在文化搭台、经济唱戏，弘扬红军精神，宣传地方文化，展示巴中风貌，开展招商引资活动，加快巴中发展，对于推动巴中两大文明建设具有重要意义。巴人文化艺术节激发了巴中人民脱贫致富奔小康的热情和干劲，凝聚了“情系红军故里，共建巴中革命老区”的智慧和力量，促进了巴中革命老区的发展。通过文艺演出、文化展览、文化研讨、文化考察等活动，充分展现巴人精神、彰显巴人文化、讲好巴人故事、传送巴地风情。

巴人文化艺术节的举办旨在传承弘扬“忠勇信义，豪放包容”的巴人精神，旨在让那些具有时代价值的文化精神代代传承下去（图 4.19）。同时，要增强文化自信、做活旅游文章，让人文厚重、山川秀美的泛巴区域成为世人向往的家园，推进区域文化旅游交流协作和发展共享。

图 4.19　巴人文化艺术节

4.2.6　民俗吃货节

巴中名吃——大酥肉。经过本地民间工艺师傅特殊加工、味道鲜美、嫩脆可口、香而不腻、远近闻名的大酥肉，不仅是绿色健康食品，更符合当今人们的饮食消费理念。每当杀年猪、娶媳妇、过春节等重大活动节日，当地原住居民都会制作这道菜肴来招待客人，这种文化和情感伴随着大酥肉世代传承，代表大巴山人民最朴素最真实的情感，张扬了巴中人民豪迈、爽快、博爱、好客的鲜明个性。2015 年，重 75 kg、长 12 m 的大酥肉成功申报“世界最重最长大酥肉”世界吉尼斯纪录，大酥肉节已成为巴中重要的乡村旅游节庆品牌（图 4.20）。

图 4.20　大酥肉节

巴地名俗——庖汤节。自古以来，每年立冬至腊月间，杀年猪、吃庖汤便成为巴中乡里的民间生活习俗，聊聊一年来的辛酸，共贺丰收的快乐，把一个丰收的欢乐掰成无数个欢乐与大家共同分享。吃庖汤的场面热闹非凡，万人流水宴、觥筹交错、来来往往、人头攒动、一片祥和（图 4.21）；除此还有乡村传统文艺表演，劳动号子、快板、夯歌、川剧锣鼓等节目，将政治性、艺术性、观赏性与乡土文化有机结合，奉献一场震撼人心的视听盛宴，切身感受巴中乡土文化的魅力。

图 4.21 庖汤节

4.3 巴食巴适 养生康疗

巴中地处全国三大天然富硒带，80% 的土壤 pH 值在 4.5 ~ 6.5，富含硒、碘、硫、锌等元素，全市已有“三品一标”认证产品 367 个，被四川省人民政府认定为“四川农产品质量安全监管示范市”。享有“中国银耳之乡”“中国富硒茶之乡”“中国金银花之乡”“中国黄羊之乡”“中国核桃之乡”等美誉。

“巴山臻品，颐养天下”，为把得天独厚的自然优势变为强市富民的经济优势，把巴中建成全国知名的绿色有机农产品供应基地，市委市政府实施了“区域公用品牌 + 企业品牌 + 产品品牌”三牌共建战略，建立了“巴食巴适”产销协会，精心培育出椴木耳菇、高山茶叶、食饮巴药、生态畜禽、优质粮油、特色果蔬、巴河水产、风味食品等八大类特色优势产品。这些产品具备绿色、生态、富硒、有机、营养、美味等特点，是放心食品、养生上品，先后亮相香港、澳门、北京、上海、广州、西安、重庆、成都等国际化展会，赢得了国内外客商、消费者的广泛青睐。

4.3.1　南江黄羊

“南江黄羊”是四川省南江县特产、四川省著名商标、中国国家地理标志产品，享有“中国第一山羊”之美誉（图 4.22）。南江黄羊由广大畜牧科技人员花费四十余年心血选育而成，是中国肉用性能最好的山羊新品种，以其生长发育快、产肉性能好、繁殖能力强、板皮品质优、适应范围广、改良效果佳的独特优势而闻名，具有高能量、高氨基酸、高蛋白质，低胆固醇、低脂肪等特点，被专家称为“亚洲第一”“世界第二”的优质肉用山羊。

图 4.22　南江黄羊

南江黄羊生产区域内山峦起伏、沟壑纵横、林丰草茂，且水资源充足、水质好、无污染。南江黄羊食的“中草药”、饮的“矿泉水”、长的“生态肉”，是上等肉品，先后获国家科技进步二等奖、四川省科技进步一等奖等 10 余个奖项。

何志平先生作南江黄羊赋：巍巍巴山，悠悠厚土；煌煌南江，妍妍芳葩。红叶流丹，山吐钟灵之瑞气；黄羊驰誉，民哺独特之物华。斯羊也，食以中草药，饮以矿泉水，馈以生态肉，呈味于庖之珍馔，致富于民之生计，领头于国之山羊。

4.3.2 通江银耳

“天生雾，雾生露，露生耳”。四川通江因自然生态独特，林木资源丰富，所产通江银耳具有药食两用功效，早在明代就一枝独秀于中华大地（图 4.23）。1995 年通江被命名为“中国银耳之乡”。通江银耳是我国的著名特产，富含人体所需的多种氨基酸和微量元素，具有非常高的药用价值和食用价值。巴中市通江县气候温和湿润最适合食用菌的生长，也是银耳的发源地，通江银耳外形似鸡冠花，呈米黄色，有透明的感觉，胶质浓重。在 1991 年首届通江银耳节上，通江银耳以其悠久的历史、举世瞩目

图 4.23 通江银耳发祥地——陈河九弯十八包

的优点和独特的栽培工艺，博得了国内外数千客商的一致赞誉，并获得来自港澳台以及其他地方商人的投资和认可。2004 年的首届洞乡银耳节上通江银耳博物馆首次向世人系统地介绍了银耳的起源、发展、生产以及贸易历史。

通江椴木银耳，是“天地灵气气化所育，日月精华之结晶”，有“菌中之冠”的美誉，其朵厚、胶质重、色泽纯、易炖化（图 4.24）。而且营养丰富，活性物质含量高，甘露糖含量高于福建代料银耳，可调节免疫系统，抑制肿瘤生长与转移；芳樟醇含量是福建银耳的 32 倍。通江银耳发轫于盛唐，食用于宋元，入药于明清，明代永乐年间就以“皇家养生益年之品”闻名于世；在清代晚期，是清廷御膳之珍馐，在国宴上颇受青睐；20 世纪初，通江银耳已享誉世界，畅销海内外。

图 4.24　通江银耳

4.3.3　高山茶叶

巴中是全国优质富硒绿茶优势产区（图 4.25），茶园均分布于 800 ~ 1200 m 的高山区域，以罗村茶、云顶茗兰、富硒红茶为代表的“巴中云顶”茶，香飘两千多年，能品三山五岳，体验百味人生。全市宜茶面积 120 万亩以上，已有基地 70 万亩，产量 6 万吨，主产地通江县、南江县、平昌县均被列入全省茶叶重点县。茶叶以“高山、富硒、有机”著称，茶多酚含量 23.84±2.48%，氨基酸含量 4.92±1.12%，咖啡碱含量 4.46±0.40%，EGCG（酯型儿茶素）含量 9.05±1.59，锌含量 54.13±9.75 mg/kg，均高于全国平均水平，具有“高锌、高氨基酸、高酯型儿茶素、富硒、无农残污染”的“三高一富一无”独特品质，有抗氧化、抗衰老、防癌抗癌、防辐射等功效。“巴中云顶”绿茶条索细紧、色泽翠润、香高持久、滋味浓爽、无苦涩味、汤色清亮、叶底绿明。“巴中云顶”红茶条索紧结、色泽乌润、甜香高长、滋味浓醇、无苦涩味、汤色红亮、叶底匀整，富有“香高味纯、持嫩性好、耐冲泡”的特性，享有“川茶品质看巴中”的美誉。

（a）平昌秦巴云顶茶叶园区

（b）南江元顶茶叶园区

（c）通江罗村茶叶园区

图 4.25　巴中优质富硒绿茶优势产区

4.3.4 食饮巴药

作为秦巴中药材的主要产地和道地产地，巴中境内药用植物2300 种，占全国药用植物资源的 22%，其中 98 种道地药材品种进入国家药典，20 多种中药材的有效成分含量明显高于其他地区，是名副其实的天然药库（图 4.26）。其中，金银花绿原酸含量高达 12.4%，是济银花的 10 倍，具有抗菌、抗病毒、抗氧化、抑制突变和抗肿瘤等功效，全市种植面积 23.7 万亩，产量 0.64 万吨。杜仲具有降糖、免疫调节、保肝、抗诱变、抗病毒、抗菌作用，并作为一种抗自由基及抗氧化剂广泛使用，其降血压的有效成分是松酯醇二葡萄糖苷、桃叶珊瑚甙，巴中种植面积 360 亩，产干皮 8 吨，松酯醇二葡萄糖苷高出药典标准 0.55%。巴中恩阳川明参种植年代久远，第一年立秋育苗，来年立秋时移栽，食药两用，具有利肺、和胃、化痰、解毒等功效，其硒含量是药典标准的 6.2 倍，浸出物高出国家药典标准 28.8%，川明参泥产品生产技术获国家发明专利，全市种植面积 6 万亩，产量 2.4 万吨（图 4.27）。丹参色红质优，丹参酮、丹酚酸 B 含量，高出国家药典标准 0.39%、8%；丹参酮有抗菌、消炎、活血化瘀、促进伤口愈合、抗氧化等作用，全市种植面积 2.7 万亩，产量 0.8 万吨。

图 4.26　巴州区清江镇石柱村丹参繁育基地

（a）金银花

（b）杜仲

（c）川明参

图 4.27　巴中药材

4.3.5 生态畜禽

巴中好山好水好生态，孕育了独特的畜禽品种、品质和品牌。除了最为出名的“南江黄羊”外，当地青峪黑猪也荣获地理标志和有机食品认证（图 4.28），所含人体必需氨基酸且比其他品种含量高出 2 ~ 3 倍，微量元素锌、硒是其他品种 3 ～ 5 倍，是名副其实的中华猪王。空山黄牛被列入世界名牛目录（图 4.29），其肉质细嫩，风味独特，富含精氨酸、维生素 A、B、C 族、叶酸、核黄素及铁、锌、钙等大量的矿物质，食用具有增强体力、提高免疫力、抗衰老、防癌抗癌的功效。而巴山土鸡肉富含人体必需的 17 种氨基酸、硒、锌、铁、维生素 E、维生素 B、维生素 A 等，蛋白质含量高于 24.8%，氨基酸总量高于 21.7%，是典型的高蛋白低脂肪禽肉类（图 4.30）。

图 4.28　青峪黑猪

图 4.29　空山黄牛

图 4.30　生态鸡

4.3.6　优质粮油

良好的自然环境及气候条件，让巴中十分适合种植优质的粮油产品（图 4.31），其中空山马铃薯获地理标志认证和有机食品认证，具有富硒、美味等特点，现有空山马铃薯种植基地 5000 亩，年产鲜薯 70 万吨。“龙头”牌挂面被授予四川名牌产品，“龙头”牌商标被认定为中国驰名商标。南江“长赤翡翠米”获地理标志认证、“中国原产地域保护产品”认证和“绿色食品”认证，以其营养丰富、饭粒光亮油润、口感柔韧、略带糯性等特点，出口法国、古巴，畅销“北、上、广”“成、渝、西”，已建成“翡翠米专用稻基地”12 万亩，产量 5.5 万吨。“亦奇”牌菜籽油获“四川名牌产品”称号，“亦奇”牌商标获“四川省著名商标”。

（a）油菜籽基地

（b）马铃薯基地

（c）小麦基地

（d）水稻基地

图 4.31　优质粮油产品基地

4.3.7 特色果蔬

巴中盛产核桃、猕猴桃、黄花、芦笋等时令果蔬，林下蕨菜、山露菜等（图 4.32）已批量出口日本、新加坡等国。其中大罗黄花种植历史悠久，品种“七根须黄花”，蛋白质、氨基酸含量丰富，胡萝卜素含量极高，维生素 B_2 含量大于其他同类产品，品质较甘肃、湖南、渠县等地“五根须”黄花高，全市种植面积 5 万亩，产量 7.5 万吨。芦笋含 18 种氨基酸和维生素，具有防癌抗癌、提高免疫力、预防心脑血管疾病、抗衰老四大功效，全市种植面积 10 万亩，产量 10 万吨。“南江核桃”获地理标志认证和省著名商标。南江核桃出油率和粗纤维含量分别高出国标良种的三到七个百分点，核桃油是优质油，可供医药、保健和食用，入药有活血化瘀、清肺润肠的效用，全市种植面积 100 万亩，产量 2.6 万吨。全市猕猴桃种植面积 5 万亩，产量 7.5 万吨，部分产品口感好于苍溪猕猴桃，现已畅销北京等国内市场。

（a）恩阳芦笋　（b）大罗黄花　（c）南江核桃

图 4.32　特色果蔬

4.3.8 巴河水产

巴中 1100 多条河流纵横密布，河谷沟溪成网，孕育了 87

种水生动物、浮游动物，53 种浮游植物，拥有国家级珍稀鱼类自然保护区 1 个，国家级水产种质资源保护区 4 个。2016 年渔业水域 1.76 万公顷，产量 6.25 万吨，其中大鲵、甲鱼、重口裂腹鱼、鲫鱼、黄鳝、水蛭等六大“巴水特色地方品种”享誉省内外（图 4.34），“平昌青鳙”荣获国家地理保护产品称号，其肉质鲜嫩、营养丰富、口感顺滑，部分品种如“水中人参”之大鲵（人工养殖）、“美食五味肉”之甲鱼、“养颜药用”之水蛭同时具有提高人体免疫力、增强造血功能、消散肿块等功效。巴河风干鱼、巴河风味鱼、船家鱼片、船家烧鱼、香脆鱼酥等地方水产加工品经由 20 余道传统工序精制而成，“色、香、味、形”具全，富有浓郁的巴山特色。

图 4.33　平昌青鳙基地

（a）大鲵

（b）胭脂鱼

（c）甲鱼

（d）江口青鳙

图 4.34　巴河水产

4.3.9　巴中美味

巴中拥有众多用生态畜禽、优质粮油、特色果蔬、巴河水产等为原料加工而成的风味食品，绿色生态健康的原料配上精湛的加工工艺，塑造了巴中风味食品浓厚的地域风情和绝佳品质。上乘的食品材料和独具特色的口感让人在美食里体会大巴山对这块土地的千年润泽。

白玉鱼汤：白衣巴河水盛产鱼类，自古至今，就有无鱼不宴之风，古镇居民制作鱼汤也各有千秋，其特点是选料生态，配料极简，味美汤鲜，汤白如玉（图 4.35）。先后被中央电视台、四川电视台、《四川日报》《四川烹饪》推荐。并入列 2015 年首届“兴州杯”烹饪大赛“巴中特色菜”。

图 4.35　白玉鱼汤

白衣油炸鱼：据传，清光绪年间，吴翰林回家省亲，时逢巴河水涨，家佣捞大鱼无着，只有小鱼几许，厨师急智用青油、米面、小鱼调拌炸之，至金黄，上餐桌，众宾客观其色，品其味，大为赞叹。后古镇居民仿而效之，经久不衰，流传至今。又经白衣全鱼宴五六代传人在八九十年代精心改良才形成了白衣古镇现在特有的美食（图 4.36）。

图 4.36　白衣油炸鱼

枣林鱼：据考证，“枣林鱼”是中唐时期盛行于距巴郡（今巴中市）北部 10 千米的枣林场的一种传统食品。后来当地居民李本直老先生为了改善生活环境，在前人的基础上不断总结做鱼的经验，大胆改革，经过几年的不懈努力，打破传统做鱼方法，汇集巴河鱼、巴河水之精髓，做出了独具特色的“枣林鱼”（图 4.37），味道以麻、辣、鲜、香、嫩为主，由于味道鲜美、营养丰富、绿色健康，具有健脑养颜之功效，慕名而来的食客从此络绎不绝，带动了乡镇相关产业的发展。

诺水艄公鱼：诺水，即小通江河。在交通不发达的年代，艄公长年生活在船上，新鲜蔬菜不能长时间存放，便利用休息之余下河撒网捕鱼，用花椒、干辣椒、盐菜、盐巴、腊肉和鱼一起炖煮，创作出了新鲜味美的“艄公鱼”（图 4.38），并以此招待往来商队，烹饪技艺逐渐流传开来。

图 4.37　枣林鱼

图 4.38　诺水艄公鱼

江口豆花青鳙：位于通巴两河，交汇于渠江之间的平昌，拥有丰富的水资源，生长于此的野生鱼，肉质鲜嫩，营养丰富，沿江的渔民以船为家，以鱼为食，再加上自制的豆花，烹制了许多种类的鱼餐，特以青鳙为代表的江口豆花青鳙鱼更是浑然天成，誉为美食上品（图 4.39）。

图 4.39　江口豆花青鳙

南江黄羊：南江黄羊是南江县经 41 年培育而成的我国第一个肉用山羊品种，也是首个进入中南海国宴的肉用山羊品种，肉质细嫩、营养丰富、适口性好、膻味轻、胆固醇含量低。黄羊汤选用南江本地黄羊为主食材做成，用料相当考究，汤色色泽光亮，呈乳白色，汤鲜而不膻，肉嫩而不绵，风味十分独特，是南江人引以为傲的“拿手”菜品（图 4.40）。

图 4.40　南江黄羊汤

正直大酥肉：原料采用本地土猪肉身上最精华部分，并配合自家制作的高山土豆芡粉和放养土鸡蛋，经过本地民间工艺师傅特殊工艺加工，其味道分外鲜美，嫩脆可口，香而不腻，远近闻名（图 4.41）。

图 4.41　正直大酥肉

正直品碗：正直十大碗的核心菜品，用豆芽或煮熟的竹笋作底，用当地土猪肉手工制作的刀口丸子为主，上面整齐排放猪肚片，口感滋润香糯有劲道，咸鲜味美，老幼皆宜（图 4.42）。

图 4.42　正直品碗

青峪红烧肉：青峪猪饲养历史悠久，具有口感细腻、肥而不腻、营养价值高的特点，已获国家农业部有机食品认证和欧盟有机食品认证。“洗净毛污切四方，熬糖和水拌成浆。味精盐蒜加黄酒，八角姜葱并辣王。肉块精烹十足味，火候恰当久飘香。蓬门偶有诗常驻，酒肆搜来喜若狂。”一道“青峪红烧肉”出锅（图 4.43）。

图 4.43　青峪红烧肉

炖鸡面：起源于清嘉庆年间，至今有 100 多年历史，是巴中的传统小吃。精选大骨熬制成汤，加入土鸡精心炖煮，将面煮至 9 成熟，加入大骨汤和土鸡汤，配上佐料（图 4.44）。

图 4.44　巴州炖鸡面

唐家卤鸭：在整个恩阳区乃至巴中市都源远流长，唐家卤鸭选用秘制香料及近 100 年流传的老卤水精心卤制，鸭子选材于土生土长本地散养鸭子，特殊的制作工艺使得卤鸭的皮嫩而不腻，鸭肉瘦而不柴（图 4.45）。鸭子为凉性食物，唐家卤鸭采用了特殊工序将鸭子寒性佐治，所以唐家卤鸭老少皆宜。

图 4.45　唐家卤鸭

巴山土猪辣卤拼：传统卤水配方和现代烹饪相结合的代表，卤制巴州本地的跑山猪，卤出来的猪肉香浓，辣味适中，受到广大消费者好评。巴山土猪辣卤拼精选巴山土猪的猪尾、猪脚、猪嘴、猪耳朵，以白芸豆、藕为辅料。将主料洗净，飞水后卤制，卤熟切型摆盘即可（图 4.46）。

图 4.46　巴山土猪辣卤拼

银耳珍品：银耳乃天地之花，通江陈河的雾露溪是通江银耳的发源地。烹饪大师采用古法加现代工艺调制，做出了一道道银耳珍品（图 4.47）。雾露银耳包：柔软而富有弹性、润泽而多褶皱、皮薄馅多，味道清香爽口，既有通江地方特色，又有很高的营养保健作用。银耳莲子羹：清热健胃、护肝、解毒、降血压、促进睡眠。采用通江段木银耳和优质莲子，经过古法熬制，慢火细炖长达 3 个小时，让银耳和莲子“熔合”，爽口而清滑，老少皆宜。

（a）雾露银耳包

（b）银耳莲子羹

图 4.47　银耳珍品

恩阳沙参泥：“儿行千里母担忧”。在抗战时期，能参加红军报效国家是当时每个家庭最大的喜事，更预示着这个家庭会出大将军、大英雄。但大山深处勤劳朴实的母亲心里更明白战场无常，为给儿子践行，母亲特意在山里采挖了沙参和猪板油翻炒，这是大山深处最美味的一道菜（图 4.48），更饱含了母亲对儿子所有的爱。

图 4.48　恩阳沙参泥

4.4　巴人巴风　古文荟萃

巴中文化资源丰富，内容悠久灿烂且独具特色。在这里繁衍生息的巴中人民，用勤劳和智慧累积了古朴深厚、特色鲜明的巴人文化，至今流传于大巴山区的风情民俗仍是中外史学家研究人类古代文明史的重要课题。悠久的历史、深厚的文化和众多的时代英杰留下了大量文物古迹，是全人类珍贵的物质文化资源；留存至今的米仓古道文化，名城、名镇文化、晏阳初名人以及多种宗教文化交融，共同成就别样的人文巴中。

4.4.1　米仓古道

据《资治通鉴》所注：兴元（即今陕西汉中市）之南有大行路经集州、巴州，其路险峻，直抵巴西（今四川阆中）。大行道古称米仓道，为北出汉中进关内，通衢中原；南入巴蜀，直进成都；西北走天水，进西陇之政治、经济、文化、军事、商贸之要道。据《四川通志》记载：米仓道沿线，旧时设有城堡三处，关隘六处，驿铺（站）二十一处。随着时间的推移，米仓道在川东北地区政治、军事、经济上的地位和作用越来越大，逐步又分为官道、兵道、商道。米仓古道纵贯秦巴山区，连接黄河长江流域，北上三秦而通中原，南下四川以达南方，古称大行道。沿途高峰丛集，万壑分流，先民依势开道，成于夏商。北起汉中，经南郑入南江界，越米仓山，蹄孤云两角，南抵巴中，其间西去成都，南至重庆，自古乃兵家必争之道。自明代以后，由于交通的发展，水上交通的兴起，渝州（今重庆）的开发，这条古代通道便逐步完成了它的历史使命，渐渐的走向了荒芜，成为历史上中原通往巴蜀的历史见证。现今，在陕西汉中、南郑，以及四川的南江、巴中、阆中等地域内，还可见到部分当年米仓古道的遗迹（图 4.49）。如南江、巴中段就有萧何月下追韩信的韩溪河，曹操征张鲁而刘备所筑牟阳城遗址，宋元之际蒙哥入川攻平梁城、小宁城、得汉城等遗址，明朝设巡检司于大坝遗址，官仓坪（关隘）遗址，琉璃关和二洞桥古代石刻，千年皇柏林，石窟造像，宗教庙宇，等等。

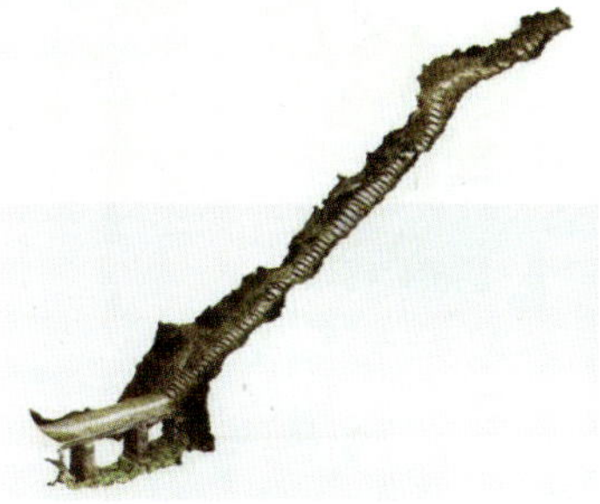

图 4.49　米仓古道

4.4.2 古生物化石

在光雾山 - 诺水河世界地质公园内，有较为完整的地球生物演化过程记录（图 4.50）。这里有距今 16 亿年至 541 亿年生命演化早期的低等生物 —— 藻类的化石，它们在岩石中形成叠层石或葡萄状构造。在地球“生命大爆发”的寒武纪，这里留下了以三叶虫、金臂虫、腕足类、腹足类、古杯类等为代表的丰富的古生物化石。在随后的奥陶纪、志留纪，这里又出现了丰富的笔石、珊瑚等生物化石。在即将迎来地球上第一次生物大灭绝的古生代最后一个纪 —— 二叠纪，这里保存了以蜓、珊瑚、菊石、腕足类等为代表的丰富的古生物化石。在中生代开始的三叠纪，生物面貌有了显著的变化，主要是大量双壳类动物化石，同时还有头足类、有孔虫等生物化石。在三叠纪末经历了由海到陆的最终转变之后，在侏罗纪，生物主要是淡水的双壳类、介形类、叶肢介，而公园内最重要的发现，是侏罗系沙溪庙组中的董氏蜀兽化石 —— 地球上最古老的哺乳动物之一。公园内目前发现有零星的恐龙化石，是有可能发现更多恐龙化石的潜在区域。

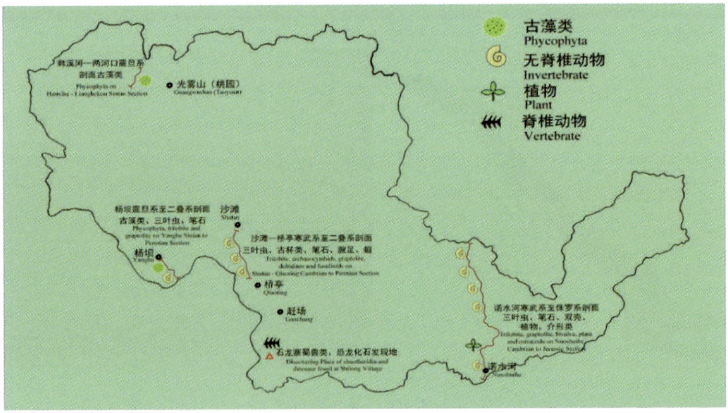

图 4.50　光雾山 – 诺水河地质公园主要化石产地分布图

4.4.3 南龛石窟

南龛石窟（图 4.51），位于巴中市巴州区城南二里的古化城山腹，即今南龛山腹，在巴中石窟中规模最大，保存最为完好。1998 年由国务院公布为全国重点文物保护单位，2001 年又将巴州区境内的水宁寺石窟、西龛石窟、北龛石窟合并到南龛石窟，公布为全国重点文物保护单位。南龛石窟，始凿于隋，盛镌于唐，世人始称“南龛寺”，唐肃宗乾元三年敕名“光福寺”，迄今经历了 1300 余年的沧桑岁月，是隋唐两代我国石窟艺术到达巅峰时期具有一定代表的佛教艺术。石窟造像依山开凿，分布在云屏石、山门石、瘗窟区、神仙坡、老君洞、大佛区、观音岩多处，东西长 252 m，南北宽 45 m。现存造像 176 龛，2700 余躯，所凿窟龛以大佛洞区最为密集，上下达四五层之多，大窟小龛，前佛后佛，密如蜂房，雕嵌玲珑，规模宏大。镌刻其间的一些造像碑记，各种题记及名人碑刻达 200 余则，为考证巴中石窟提供了更为可信的依据。收集整理后的历史遗存展示区不仅丰富了巴中石窟景区类别，更体现了巴中辉煌灿烂的传统历史和书法艺术。石窟造像内容丰富，格调高雅，有着鲜明的艺术风格和特征。特别是“分身瑞佛”“草鞋天王”“珂利谛母”“飞天”及装饰精美富丽豪华的龛楣，独具艺术魅力，这些在全国石窟艺术造像中更是独具特色。原敦煌研究院院长段文杰先生由衷感叹，欣然提笔“巴中石窟，盛唐彩雕，国之瑰宝，全国第一”。南龛石窟艺术是研究我国隋唐摩崖造像的主要实物史料，更是研究我国历史、文化、佛教艺术等的珍贵文化大典，与之交相辉映的园林景观也是吸引人们观光旅游的景色之一。

图 4.51　南龛石窟

4.4.4　巴中古镇

在巍巍的大巴山中，一座座古镇伫立于历史长河中，见证着巴中的过往岁月。巴中著名三大古镇为中国历史文化名镇恩阳古镇、白衣古镇和毛浴古镇。

恩阳古镇为明、清时期古建筑群，老场街、廻龙街等古老街巷纵横交错，是明、清古战场关寨，隋唐时期金碧辉煌的摩崖造像尽收眼底，物流码头商铺旧迹随处可寻，湖、广、赣客商会馆，川东北民居的吊脚楼和穿斗式、青瓦屋面旧貌依存，是古镇的一道亮丽风景线（图 4.52）。古代桥梁、青石板石梯道路历历在目，佛教、道教、天主教、基督教的寺观、塔、幢分布在古镇内外，历代墨客骚人诗词、歌赋、楹联犹觉翰墨溢香，久负盛名的龙舟赛，婚丧嫁娶、灯会、庙会、舞狮、舞龙、踩高脚等民风民俗流传至今，茶馆、川剧座唱热闹非凡。

图 4.52　恩阳古镇

毛浴古镇三面临水，一面靠山，形若半岛，自古是水陆交通要道，商贾云集，极为繁华，有“小重庆”之美称。古镇全系川北民居穿斗式结构、青瓦屋面建筑，原貌保存完好，古香古色，是难得的旧式民居建筑群。革命旧址、红军石刻标语完整无损，革命历史气息浓厚（图 4.53）。

图 4.53　毛浴古镇

白衣古镇位于平昌县东南端约 20 km 处，始建于秦汉，古为柳州，素来是历史人文福地，米仓古道商贸文化融合荟萃之地。明崇祯期间在老街牌坊竖一白衣观音神像，始称“白衣庵”。古镇临河，自古为水上交通要道，商业历代繁荣。白衣古镇现有保存较完好的两条原始街道，尤其是风火墙建筑较多，工艺精湛，独具特色，有汉砖、牌坊、古庙、吴氏官邸等文物（图 4.54）。“小角楼台照白衣，凤凰展翅扑蒙溪，鲤鱼板子回头望，步步登高上云梯。”白衣的每个景致都在回望一段凝固的历史、诉说一个动人的故事。“白衣全鱼宴”更是为古镇增加了酥、脆、鲜、香的味蕾特色，让人回味无穷，是一座特色鲜明的古代场镇。

图 4.54　白衣古镇

4.4.5　巴文化

巴中处于巴文化的中心区域，历史悠久，文化积淀丰厚。巴中是巴文化的故里，巴文化是巴中的基因文化，是与楚文化、秦文化、蜀文化并列的远古文化，巴中文化传承上以巴文化为主。巴文化是巴中区域文化的母体，在巴文化区，巴文化是一种远古文化，它后来被强大优秀的汉文化吸引和同化，成为了华夏文化的一部分。巴中的巴文化资源非常富足，是巴文化的核心传承区，也是以巴文化为主，巴蜀文化的融汇地带。悠久的历史让这里成为文化古迹的天堂。贯通秦巴的重要交通体系——米仓古道，被誉为见证历史的活化石；巴中石窟有"盛唐彩雕全国第一"的美誉。此外，悠久的巴人文化历史中还有很多引人入胜的传奇故事，比如巴山白虎、巴人飞天、米仓神兵、巴将军蔓子、板楯勇士、秦巴会盟、巴人射虎、巴渝舞、巴人脸谱等。瑰丽飞扬的巴人神话、古朴精巧的巴国铜器、巧夺天工的巴人技艺、铿锵刚烈的巴地歌舞、“忠勇节义、豪放包容”的巴人精神滋养了生生不息、繁荣发展的巴中儿女。坚定文化自信，巴文化在今天焕发出新的活力。

4.4.6 晏阳初文化

晏阳初先生是享誉世界的平民教育家，是世界乡村改造运动的奠基人，是一位爱国知识分子。1890 年 12 月 26 日出生于四川省巴中市巴州区，早年就读于巴中、阆中、成都、香港和美国。1918 年到法国为华工服务，创办华工识字班，从此立下不当官，不发财，一辈子为劳苦大众服务的志向，1920 年回国后，他以“民为邦本，本固邦宁”为信条，以除天下文盲为己任，在全国开展轰轰烈烈的平民教育运动。1926 年在河北定县（今定州市）开始乡村平民教育实验。1940 年至 1949 年在重庆歇马镇创办中国乡村建设育才院（后名乡村建设学院）并任院长，组织开展华西乡村建设实验。1950 年赴美国。50 年代以后，协助菲律宾、泰国、危地马拉、哥伦比亚及加纳等国建立乡村改造促进会。60 年代在菲律宾创办国际乡村改造学院，任院长及该院理事会主席。晏阳初还曾在联合国教育、科学及文化组织担任顾问。美国总统里根称他的经验是“中国人对世界文化的又一贡献”。1943 年他与爱因斯坦等被誉为“现代世界最具革命性贡献的十大伟人”，获得菲律宾、危地马拉政府授予的金星勋章和国鸟勋章，国外 9 所大学授予他荣誉学位，十多个城市为他塑像，1988 年美国总统又授予他“免除饥饿终身荣誉奖”等。原巴中县委、政府于 1991 年在巴州镇塔子山村修建了晏阳初博士史迹展览馆，在展馆前修建了晏阳初陵墓，墓前雕塑了晏阳初博士的汉白玉胸像，全国人大常委会原副委员长雷洁琼撰写了晏阳初博士墓志碑文。2001 年 9 月巴州区委、政府自筹资金租用园区土地 64 亩，扩建了晏阳初博士史迹展览馆，展馆内重新布展陈列，征集部分文物充实展览，绿化园区，修建休闲道路、参观广场和亭、阁、牌坊等，园内雕塑了巴州古代名人雕像，成立了晏阳初博物馆。参观游客络绎不绝，产生了良好的社会效益。

4.4.7 巴中非遗

在非物质文化方面，巴中有 16 个大类 169 个子项，内容涉及民间故事、神话传说、谚语、方言、笑话、山歌，婚丧嫁娶民间习俗，过刀桥、踩火池、转灯等民间绝技，包括国家级非物质文化遗产项目（以下简称“非遗”）2 个（传统音乐《巴山背二歌》，传统舞蹈《翻山铰子》）（图 4.55），省级非遗项目 14 个（传统文学《十里坪》《月儿落西下》，传统戏剧《巴中皮影》，传统音乐《巴山茅山歌》，传统美术“通江石雕”，传统手工技艺“江口醇酿造技艺”，民俗“说春”“正月十六登高节”等），市级非遗项目 46 个（传统美术“剪纸”“叶脉画”，传统手工技艺“通江银耳生产技艺”“驷马豆瓣制作技艺”“巴河风干鱼制作技艺”，传统戏曲《四川清音》《四川扬琴》等）。

其中“巴山背二歌”和“翻山铰子”是国家级非物质文化遗产代表性项目。传统音乐“巴山背二歌”是随着巴人长途背运这种生产方式而产生的，并流传于四川东北部的一种山歌，至今已有上千年历史。2006 年，“巴山背二歌”经国务院批准列入第一批国家级非物质文化遗产名录。“巴山背二歌”歌词诙谐幽默，生动传神，多用双关语，旋律流畅清新，调式为徵调式，结构较为简单，多为上下句。歌曲唱腔明亮，高亢悠扬，节奏自由，风格粗犷豪放，极具地域特色。传统舞蹈“翻山铰子”是一种挥舞和击打铜质小镲“铰子”的舞蹈，主要流传于巴中平昌县一带。舞蹈展现出种种优美的舞姿和造型，整个表演动作舒展灵活，风格刚健粗犷，气氛欢快，热闹异常。翻山铰子是汉民族舞蹈中十分独特的表演形式，在一定程度上反映了巴人的社会生活状况和文化习俗，是研究巴文化的重要材料。

（a）巴山背二歌

（b）翻山铰子

图 4.55　巴中国家非物质文化遗产代表项目

第 5 章　结　论

巴中市属亚热带湿润季风气候，夏无酷暑，冬无严寒，气候舒适宜人。境内独特的气候和特殊的地质、地理环境造成了巴中地区丰富多样的动植物资源、得天独厚的地热康养条件、蔚为奇观的山川景物、如诗如画的自然和气象景观，与四通八达的便利交通、丰富互联的医疗资源、灿烂浓厚的巴文化和红色文化一起，成就了巴中气候康养的独特优势。

5.1　气候舒适，风调雨顺宜人

“江送巴南水，山横塞白云”。诗画巴中堪称秦巴秘境。“巴山夜雨”的独特征候，使巴中大部分时间“雨夜不雨昼”，让巴山大地四季青山绿水，常年蓝天白云。巴中市年平均气温 17.0 ℃，全年最冷月平均气温 5.8 ℃，最热月平均气温 27.2 ℃，年平均降雨量为 1143.3 mm，降水丰富且雨热同步满足各种生物良好生长条件；年平均光照时数为 1381.5 小时，平均气压为 964.6 hPa，年均相对湿度为 76.8%，光照条件良好、气压条件平稳、湿度条件适宜；风力大多是 1 ~ 2 级的轻软微风，夏多凉风、冬少寒风，风力温和使人心情舒畅；年均总云量近 8 成，既可阻挡强烈的紫外线，又有利于欣赏云雾美景。冬无严寒、夏无酷暑，巴中“舒适”月份长达九个月，属于一类气候适宜区，在全国 36 个代表性城市中排名第三。气候条件非常适宜居住及康养旅游。

5.2 空气清新，环境优美宜居

巴中空气质量优良天数占比超过 90%，98% 的城镇和 100% 的农村地区空气质量等级常年为“优”，饮用水源保护区水质达标率为 100%，各类声环境功能区达标率接近 100%，空气、水质、噪音等环境污染指数较低，且空气质量与水质还呈逐年上升趋势。

全市森林覆盖率 62.1%，高居四川省 21 个地市州第二位，成为秦巴山区的“天然氧吧”和难得的全年无雾霾地区。巴中山川如画、林海茫茫，自然保护区面积超 1396.65 km^2，拥有 5 个省级自然保护区，各项生态指数均居全国前列，休闲康养适宜性在全国具有领先优势。

巴中市把森林康养作为老区振兴发展的重要路径，着力打造全国最佳森林康养目的地。曾荣获“2018 年中国生态文明建设样板城市”称号，境内平昌县入围全国“百佳深呼吸小城”，通江县空山镇、南江县光雾山镇入选“全国最美森林小镇”，巴州区天马山国家森林公园获得“中国森林养生基地”称号，平昌县石龙村获评“2018 年中国美丽休闲乡村”。在此基础上，巴中市进一步加大投入，加快建成全国知名旅游目的地和森林康养旅游经济强市的步伐，已创建国家级森林康养试点示范基地 5 个、省级森林康养基地25个、省级森林康养人家30个、市级森林康养基地21个。得天独厚的气候、地理条件和康养基础设施的大力投入完善，使巴中成为“中国气候养生之都”。

5.3　休闲佳境，物产丰富宜养

巴中具有秦岭、大巴山的气候优势和物种优势。境内有野生植物类药材1400余种、野生动物类药材200余种、矿石及其他类药材20余种，药材资源自然储量达8万余吨，录入国家药典98种。是中国中医药文化重要发祥地、中国生物多样性保护关键地区、全国三大富硒带之一，具有秦巴山区“百宝箱”和“四川盆地北缘山地重要的生物基因库”之称。

巴山臻品，颐养天下，自然赋予了这里独特的资源禀赋。巴中地处全国三大富硒带之一的大巴山富硒带核心区，农产品硒、锌、碘含量比全国平均水平高出3～5倍，全市土壤、水源均未受到铅、镉等重金属污染，是出产健康绿色有机食材的宝地，是四川“农产品产地无公害化市”“农产品质量安全监管示范市”，通江银耳、南江黄羊、恩阳芦笋、平昌青花椒、青峪猪、富硒茶、梅花鸡等特色农产品久负盛名，367种产品通过全国绿色食品、无公害农产品、有机食品和地理标志认证，“巴食巴适”农产品公共品牌享誉全国。

5.4　山川秀美，人文荟萃宜游

巴人巴风，山水画中。这里历史绵延，人文荟萃。浸润着浓郁的巴风蜀韵，巴中是巴文化的中心、全国第二大苏区——川陕苏区首府、世界平民教育之父——晏阳初故里。这里生态涵养，静谧美丽。巴中拥有“光雾山 - 诺水河”世界地质公园、1个国家级和5个省级自然保护区、4个国家森林公园、20个国家AAAA级旅游景区，人在景中走，亦如画中游。这里气候宜人，流芳遍地。

秀美巴中美在山水、美在四季、美在人文、美在风物、美在城乡、美在生态。巴中的巴文化、红色文化、晏阳初文化“三文”荟萃；古迹、古道和古镇“三古”辉映；红色、绿色和蓝色“三色”增艳。巴中市正力争建成全国知名旅游目的地，将“三色”“三文”和“三古”展示给世人。

参考文献

[1] QXT152—2012，中华人民共和国气象行业标准.
[2] QX/T 45—2007 地面气象观测规范第 1 部分：总则.
[3] QX/T 48—2007 地面气象观测规范第 4 部分：天气现象观测.
[4] QX/T 62—2007 地面气象观测规范第 18 部分：月地面气象资料处理和报表编制.
[5] GB/T 28591—2012 风力等级.
[6] QX/T 152—2012 气候季节划分.
[7] GB/T 27963—2011 人居环境气候舒适度评价.
[8] MA Z F，LIU J，ZHANG S Q，et al. Observed Climate Changes in Southwest China during 1961—2010[J]. Advances in Climate Change Research，2013，4（01）：30-40.
[9] MA Z F，LIU J，YANG S Q，et al. Climate Change in Southwest China during 1961—2010：Impacts and Adaptation[J]. Advances in Climate Change Research，2013，4（04）：223-229.
[10] 张博，李国平. 全球气候变暖背景下四川地区夜雨的变化特

征 [J]. 中国科技论文，2015，10（09）：1111-1116.
[11] 潘洋刘，曾进，刘苑秋，等 . 基于不同类型的森林康养资源评价研究 [J]. 林业经济问题，2018，38（06）：85-90，112.
[12] 祝向波 . 攀枝花市康养旅游资源评价与开发研究 [D]. 成都：成都理工大学，2017.
[13] 任宣羽，杨淇钧 . 康养气候及其空间分异研究 [J]. 绵阳师范学院学报，2018，V.37；No. 233（07）：47-53.
[14] 李正泉，肖晶晶，马浩，等 . 丽水市生态气候休闲养生适宜性分析 [J]. 气象与环境科学，2016，39（3）：104-111.
[15] 王国新，钱莉莉，陈韬，等 . 旅游环境舒适度评价及其时空分异 - 以杭州西湖为例 [J]. 生态学报，2015，35（7）：2206-2216.
[16] 李雪铭，刘敬华 . 我国主要城市人居环境适宜居住的气候因子综合评价 [J]. 经济地理，2003，5（5）：49-53.
[17] 闫业超，岳书平，刘学华，等 . 国内外气候舒适度评价研究进展 [J]. 地球科学进展，2013，28（10）：1119-1125.
[18] 唐进时，申双和，华荣强，等 . 热气候指数评价中国南方城市夏季舒适度 [J]. 气象科学，2015，35（06）：769-774.
[19] 马丽君，孙根年，谢越法，等 . 50 年来东部典型城市旅游气候舒适度变化分析 [J]. 资源科学，2010，32（10）：1963-1970.
[20] 马丽君，孙根年，李馥丽，等 . 陕西省旅游气候舒适度评价 [J]. 资源科学，2007，29（6）：40-44.
[21] 刘清春，王铮，许世远 . 中国城市旅游气候舒适性分析 [J]. 资源科学，2007，29（1）：133-140.
[22] 尹文娟，潘志华，潘宇鹰，等 . 中国大陆人居环境气候舒适度变化特征研究 [J]. 中国人口 · 资源与环境，2018，28（S1）：5-8.
[23] 罗晓玲，兰晓波，李岩瑛，等 . 人体舒适度指数预报体系研究 [J]. 干旱区资源与环境，2004（S2）：59-62.

[24] 叶胜，金贤锋，陈阳，等 . 基于 GIS 的气候舒适度精细化评估 [J]. 地理空间信息，2018，16（09）：62-64.
[25] 郭广，张静，马守存，等 . 1961-2010 年青海省人体舒适度指数时空分布特征 [J]. 冰川冻土，2015，37（03）：845-854.
[26] 孙美淑，李山 . 气候舒适度评价的经验模型：回顾与展望 [J]. 旅游学刊，2015，30（12）：19-34.
[27] 韩玮，苏敬，王琳 . 长江三角洲城市发展与人体舒适度的关系 [J]. 应用气象学报，2013，24（03）：380-384.

附　录

附录 A　巴中市空气环境、水环境、声环境质量监测点位、评价指标、标准及方法

A.1　巴中市环境空气质量监测点位、评价指标、标准及方法

巴中市共有 8 个环境空气质量监测点。其中巴州区设环境空气质量监测点位 4 个，为国控自动监测网点；恩阳区、平昌县、通江县、南江县城区各设环境空气质量监测点位 1 个，为省控自动监测。监测点位布设依据国家环保总局公告 2007 年第 4 号《环境空气质量监测规范（试行）》。具体点位见表 A-1。

表 A-1 环境空气质量监测点位设置情况

区域名称	测点名称	所在区域	点位管理级别	点位类型
巴州区	苏山坪	巴州区苏山坪村	国控	背景点
	市环保局	巴州区江北新区	国控	趋势点
	巴中中学	巴州区江南老城区	国控	趋势点
	职业中学	巴州区南坝居住区	国控	趋势点
通江县	政务中心	通江县城区	省控	趋势点
南江县	朝阳新区	南江县城新城区	省控	趋势点
平昌县	信义小学	平昌县城区	省控	趋势点
恩阳区	登科小学	恩阳区城区	省控	趋势点

巴中市环境空气质量监测指标为二氧化硫、二氧化氮、颗粒物、一氧化碳、臭氧、细颗粒物，实行六参数全自动 24 小时监测，选用城市环境空气质量评价项目为常规自动监测项目，评价标准为《环境空气质量标准》（GB 3095—2012），执行二类区适用二级浓度限值。评价方法采用综合污染指数法，空气质量指数 AQI 进行评价。

表 A-2 环境空气质量标准（GB 3095—2012）

污染物名称	取值时间	浓度限值		单位
		一级标准	二级标准	
二氧化硫	年平均	20	60	μg/m³
	24 小时平均	50	150	
二氧化氮	年平均	40	40	
	24 小时平均	80	80	

续表

污染物名称	取值时间	浓度限值		单位
		一级标准	二级标准	
颗粒物	年平均	40	70	μg/m³
	24 小时平均	50	150	μg/m³
细颗粒物	年平均	15	35	μg/m³
	24 小时平均	35	75	μg/m³
一氧化碳	24 小时平均	4	4	mg/m³
	1 小时平均	10	10	mg/m³
臭氧	日最大 8 小时平均	100	160	μg/m³
	1 小时平均	160	200	μg/m³

（1）污染指数评价。

采用污染指数作为评价指标：$P_i=C_i/S_i$，其中：P_i – i 项空气污染物的分指数；C_i – i 项空气污染物的季或年平均浓度值；S_i – i 项空气污染物的环境质量标准限值。

污染指数小于等于 1，表示环境空气中该项污染物浓度在标准范围内，大于 1，说明该项污染物超标；数值越大，表示空气污染程度越严重，空气质量越差；反之，污染指数数值越小，表示空气污染程度越轻，空气质量越好。

（2）空气质量指数 AQI 评价。

AQI 分级限值标准和计算方法执行环境空气质量指数（AQI）技术规定（试行）：

空气质量指数 $AQI=\max\{IAQI_1, IAQI_2, IAQI_3 \cdots\cdots IAQI_n\}$

式中　IAQI—— 空气质量分指数；n—— 污染物项目。

首要污染物及超标污染物的确定方法：

AQI 大于 50 时，IAQI 最大的污染物为首要污染物。若 IAQI 最大的污染物为两项或两项以上时，并列为首要污染物。IAQI 大于 100 的污染物为超标污染物。

表 A-3　空气质量指数范围及相应的空气质量级别

空气质量指数 AQI	空气质量级别	空气质量指数类别	对健康影响情况
0 ~ 50	一级	优	空气质量令人满意，基本无空气污染
51 ~ 100	二级	良	空气质量可接受，但某些污染物可能对极少数异常敏感人群健康有较弱影响
101 ~ 150	三级	轻度污染	易感人群症状有轻度加剧，健康人群出现刺激症状
151 ~ 200	四级	中度污染	进一步加剧易感人群症状，可能对健康人群心脏、呼吸系统有影响
201 ~ 300	五级	重度污染	心脏病和肺病患者症状显著加剧，运动耐受力降低，健康人群普遍出现症状
>300	六级	严重污染	健康人群运动耐受力降低，有明显强烈症状，提前出现某些疾病

A.2　巴中市地表水监测点位、评价指标、标准及方法

巴中市地表水共设置监测断面 13 个（国控断面 2 个，市、县控断面 11 个），其中巴河 7 个断面，通河 2 个断面，南江河 2 个断面，神潭河 2 个断面（表 A-4）。

表 A-4　地表水环境质量监测断面情况表

河流	断面名称	断面（点位）所在位置	断面属性	控制级别
巴河	手傍岩	巴州区	控制断面	国控
巴河	金碑乡	巴州区金碑乡	出境（巴平交界）断面	市控
通河	纳溪口	通江县三溪乡	出境（通平交界）断面	市控
通河	植物油厂	通江县城	控制断面	市控
南江河	东榆	南江县东渝镇	控制断面	市控
南江河	元潭	南江县元潭镇	出境（巴南交界）断面	市控
神潭河	大河	南江县大河镇	控制断面	市控
神潭河	赶场	南江县赶场镇	控制断面	市控
巴河	江陵	平昌县白衣镇	出境（巴达交界）断面	国控
巴河	木梁溪	平昌县澌岸乡	控制（巴平交界）断面	县控
巴河	大石盘	平昌县灵山乡	控制（通平交界）断面	县控
巴河	小滩子	平昌县江口镇	对照（巴河入城）	县控
巴河	红谷梁	平昌县尖山乡	削减（巴河出城）	县控

监测项目及频次详见表 A-5。

表 A-5　地表水监测项目及频次

<table>
<tr><th>断面名称</th><th>监测项目</th><th>监测频次</th></tr>
<tr><td>手傍岩</td><td rowspan="7">水温、pH 值、溶解氧、高锰酸盐指数、化学需氧量 、五日生化需氧量、氨氮、总磷、总氮、铜、锌、硒、砷、汞、镉、六价铬、铅、氰化物、挥发性酚、石油类、阴离子表面活性剂、氟化物、硫酸盐、氯化物、硝酸盐、硫化物、粪大肠菌群、铁、锰、透明度、叶绿素 a、电导率，共 32 项</td><td rowspan="14">每月一次</td></tr>
<tr><td>金碑乡</td></tr>
<tr><td>道河湾</td></tr>
<tr><td>东榆</td></tr>
<tr><td>元潭</td></tr>
<tr><td>大河</td></tr>
<tr><td>赶场</td></tr>
<tr><td>木梁溪</td><td rowspan="7">水温、pH、总磷、高锰酸盐指数、溶解氧、化学需氧量、氨氮、氟化物、挥发酚、阴离子表面活性剂、透明度、硝酸盐氮、硫酸盐、氯化物、六价铬、氰化物、电导率、硫化物，共 18 项</td></tr>
<tr><td>大石盘</td></tr>
<tr><td>小滩子</td></tr>
<tr><td>红谷梁</td></tr>
<tr><td>纳溪口</td></tr>
<tr><td>植物油厂</td></tr>
</table>

断面执行《地表水环境质量标准》（GB 3838—2002）中Ⅲ类水域标准。河流断面及湖库水质类别评价采用单因子评价法，氨氮、总磷和高锰酸盐指数作为参考指标单独评价。

评价方法：

（1）单项指数 P_i。

评价项目的实际监测结果值，与Ⅲ类标准值相比，其结果就为该项目的指数。

计算公式为：$P_i=C_i/L_i$

式中　C_i——某断面 i 参数实测浓度；

L_i——某断面 i 参数相应的标准值。

（2）水质类别评价。

断面水质评价采用单因子评价法，即根据评价时段内该断面参评的指标中类别最高的一项来确定。描述断面的水质类别时，使用“符合”或“劣于”等词语。

表 A-6　水质类别与水质状况评价表

水质类别	水质状况
1～Ⅱ类水质	优
Ⅲ类水质	良好
Ⅳ类水质	轻度污染
Ⅴ类水质	中度污染
劣Ⅴ类水质	重度污染

河流水质评价，当河流的断面总数少于 5 个时，计算河流所有断面各评价指标浓度算术平均值，然后按照“断面水质评价”方法评价，并指出每个断面的水质类别和水质状况。

表 A-7　河流水质类别与水质状况评价表

水质类别	水质状况
Ⅰ～Ⅲ类水质比例 ≥ 90%	优
75% ≤ Ⅰ～Ⅲ类水质比例 <90%	良好
Ⅰ～Ⅲ类水质比例 <75%，且劣Ⅴ类比例 <20%	轻度污染
Ⅰ～Ⅲ类水质比例 <75%，且 20% ≤劣Ⅴ类比例 <40%	中度污染
Ⅰ～Ⅲ类水质比例 <60%，且劣Ⅴ类比例 ≥ 40%	重度污染

A.3 巴中市声环境监测点位、评价指标、标准及方法

2017年，巴中市声环境质量监测点位见表A-8～表A-10。

表A-8 巴中市城市区域噪声监测点位设置情况表

区县	网格大小	网格面积	网格点位个数
巴州区	250×250	250×250	203
南江县	300×300	300×300	108
通江县	100×100	100×100	110
平昌县	500×500	500×500	65

表A-9 城市功能区环境噪声监测点位设置情况表

区县	测点名称	测点管理级别	区县	测点名称	测点管理级别
巴州区	市人大	省控	通江县	县委大院	市控
	妇幼保健院	省控		百货公司	市控
	雅姿家居	省控		原木棕厂	市控
	市建设局	省控		农业局	市控
南江县	政府小区	市控	平昌县	县建筑质检所	市控
	水码头	市控		县委广场	市控
	中嘴火电厂	市控		中医院-明月巷	市控
	环保局	市控		江口醇广场	市控

表 A-10　城市道路交通噪声监测点情况表

区县	路段长度 /m	路段宽度 /m	测点个数
巴州区	24 273	60	22
南江县	9 800	13	9
通江县	9 100	10	7
平昌县	6 250	10	5

2017 年，巴中市声环境质量监测频次见表 A-11。

表 A-11　环境噪声质量监测概况

监测区域	监测频率		
	道路交通噪声	区域环境噪声	功能区环境噪声
巴州区	1 次 / 年	1 次 / 年	4 次 / 年
其余区县	1 次 / 年	1 次 / 年	4 次 / 年

评价方法和标准：

（1）城市区域环境噪声。

城市昼间和夜间的区域监测环境噪声总体水平为：

$$L=\frac{1}{n}\sum_{i=1}^{n}L_{eqi}$$

式中　L—— 表示 $\overline{L_d}$（或 $\overline{L_n}$），dB（A）；

L_{eqi}—— 第 i 个网格测得的等效声级，dB（A）；

n—— 有效网格总数。

以等效连续声级为基本评价量。执行《声环境质量评价方法技术规定》（总站物字［2010］241 号），按质量总体水平分级评价。

表 A-12　城市区域环境噪声总体水平等级划分

等　级	一级（好）	二级（较好）	三级（一般）	四级（较差）	五级（差）
昼间平均等效声级	≤ 50.0	50.1 ~ 55.0	55.1 ~ 60.0	60.1 ~ 65.0	>65.0

（2）城市道路交通噪声。

① 交通干线平均车流量 Q：

$$Q=\sum_{i=1}^{n} q_i \frac{l_i}{l}$$

式中　l_i—— 第 i 测点代表的路段长度，m；

l—— 交通干线总长，m；

q_i—— 第 i 路段的车流量，辆 /h。

② 交通干线年度平均等效声级 L_{eq}：

$$L_{eq}=\frac{1}{l}\sum_{i=1}^{n} l_i * L_{eqi}$$

式中　L_{eq}—— 道路交通噪声平均等效声级，dB（A）；

l—— 交通干线总长，m；计算公式：$L=\sum_{i=1}^{n} l_i$；

l_i—— 第 i 测点代表的路段长度，m；

L_{eqi}—— 第 i 测点测得的等效声级 L_{eq}，dB（A）。

以等效连续声级为基本评价量。执行《声环境质量评价方法技术规定》(总站物字[2010]241 号)，按强度分级评价(表 A-13)。道路交通噪声强度等级“一级”至“五级”可分别对应评价为“好”

“较好”“一般”“较差”“差”。

表 A-13　道路交通噪声强度等级划分　　　　单位：dB（A）

质量等级	一级	二级	三级	四级	五级
	好	较好	一般	较差	差
昼间平均等效声级	≤ 68.0	68.1 ~ 70. 0	70.1~72. 0	72.1~74. 0	>74.0
夜间平均等效声级	≤ 58.0	58.1 ~ 60. 0	60.1~62. 0	61.1~64. 0	>64.0

（3）城市功能区声环境。

采用《声环境质量标准》（GB 3096—2008）中相应的环境噪声限值进行独立评价（标准限值见表 A-14，并按达标点次分别统计昼间、夜间达标率。

表 A-14　声环境质量标准

类 别	昼间 /dB（A）	夜间 /dB（A）
疗养区（0 类）	50	40
居民文教区（1 类）	55	45
混合区（2 类）	60	50
工业集中区（3 类）	65	55
交通干线道路两侧（4a 类）	70	55

附录 B　指数计算方法

B.1　温湿指数（HI）

$$I_{TH}=(1.8T+32)-0.55(1-R_H)\times(1.8T-26)$$

式中　T—— 气温（°C）；

R_H—— 相对湿度（小数表示）。

B.2　寒冷指数（CI）

$$I_{WC}=(33-T)\times(9+10.9\sqrt{V}-V)$$

式中：T—— 气温（°C）；

V—— 风速（m/s）。

B.3　人体舒适度气象指数（BCMI）

$$\text{BCMI}=(1.8T+32)-0.55\times(1-R_H)\times(1.8T-26)-32\sqrt{V}$$

式中　T—— 气温（°C）；

R_H—— 相对湿度（小数表示）；

V—— 风速（m/s）。

B.4　度假气候指数（HCI）

$$I_{HC}=4T_C+2A+(3R+V)$$
$$T_E=T_{MAX}-0.55(1-R_H)\times(T_{MAX}-14.4)$$

式中：T_E—— 人体有效温度（°C）；

T_{MAX}—— 日最高气温（°C）；

R_H—— 相对湿度（小数表示）；

T_C—— 热舒适因子；

A—— 审美因子，以云量的多寡来表征；

R—— 物理因子，以降水量的多少来表征；

V—— 物理因子，以风速的大小来表征。

HCI 由 3 个因子按照不同的比例构成，它们分别是热舒适因子 T_C，占 40%，表示人体对温度高低的感觉，通过日最高气温和日平均相对湿度根据式（4）获得的有效温度（T_E 即环境温度经过湿度订正后的人体实感温度）来表征；审美因子 A，通过云量的多寡来表征，占 20%；物理因子，通过降水量（R）和风速（V）来表征，占 40%。

附录 C　指数评价标准

C.1　HI 分级标准（表 C-1）

表 C-1　HI 分级标准

指数数值范围	等级	人体感觉程度	舒适期
<40	1	极冷，极不舒服	4 ~ 6 级（5 级为最佳舒适期）
40 ~ 45	2	寒冷，不舒服	
45 ~ 55	3	偏冷，较不舒服	
55 ~ 60	4	清凉，舒适	
60 ~ 65	5	凉，非常舒适	
65 ~ 70	6	暖，舒适	
70 ~ 75	7	偏热，较舒适	
75 ~ 80	8	闷热，不舒适	
>80	9	极其闷热，极不舒适	

C.2　CI 分级标准（表 C-2）

表 C-2　CI 分级标准

指数数值范围	等级	人体感觉程度	舒适期
<400	1	舒适	1 级
400 ~ 650	2	凉	
650 ~ 800	3	很凉	
800 ~ 1000	4	冷	
1000 ~ 1200	5	很冷	
1200 ~ 1400	6	极度寒冷	
1400 ~ 2000	7	有冻伤危险	

C. 3 BCMI 分级标准（表 C-3）

表 C-3　BCMI 分级标准

<table>
<tr><th>指数数值范围</th><th>等级</th><th>人体感觉程度</th><th>舒适期</th></tr>
<tr><td>0 ~ 25</td><td>1</td><td>寒冷，不舒适</td><td rowspan="10">4 ~ 6 级（5 级为最佳舒适期）</td></tr>
<tr><td>26 ~ 38</td><td>2</td><td>较冷，大部分人不舒适</td></tr>
<tr><td>39 ~ 50</td><td>3</td><td>清凉，少部分人不舒适</td></tr>
<tr><td>51 ~ 58</td><td>4</td><td>偏凉，大部分人舒适</td></tr>
<tr><td>59 ~ 70</td><td>5</td><td>最为舒适</td></tr>
<tr><td>71 ~ 75</td><td>6</td><td>偏暖，大部分人舒适</td></tr>
<tr><td>76 ~ 79</td><td>7</td><td>闷热，少部分人不舒适</td></tr>
<tr><td>80 ~ 85</td><td>8</td><td>炎热，大部分人不舒适</td></tr>
<tr><td>86 ~ 88</td><td>9</td><td>暑热，不舒适</td></tr>
<tr><td>>89</td><td>10</td><td>酷热，很不舒适</td></tr>
</table>

C.4　HCI 分级标准（表 C-4、表 C-5）

表 C-4　HCI 评分标准

分值	人体有效温度 /°C	日降水量 /mm	云覆盖率 /%	风速 /（km/h）
10	23 ~ 25	0	11 ~ 20	1 ~ 9
9	20 ~ 22，26	<3	1 ~ 10，21 ~ 30	10 ~ 19
8	27 ~ 28	3 ~ 5	0，31 ~ 40	0，20 ~ 29
7	18 ~ 19，29 ~ 30		41 ~ 51	
6	15 ~ 17，31 ~ 32		51 ~ 60	30 ~ 39
5	11 ~ 14，33 ~ 34	6 ~ 8	61 ~ 70	

续表

分值	人体有效温度 /℃	日降水量 /mm	云覆盖率 /%	风速 /（km/h）
4	7 ~ 10，35 ~ 36		71 ~ 80	
3	0 ~ 6		81 ~ 90	40 ~ 49
2	− 5 ~ − 1，37 ~ 39	9 ~ 12	>90	
1	< − 5			
0	>39	>12		50 ~ 70
− 1		>25		
− 10				>70

表 C-5　HCI 分级标准

指数数值范围	等级	舒适程度	舒适期
90 ~ 100	1	理想状况	1 ~ 3 级（1 ~ 2 级为最佳舒适期）
80 ~ 89	2	特别适宜	
70 ~ 79	3	很适宜	
60 ~ 69	4	适宜	
50 ~ 59	5	可以接受	
40 ~ 49	6	一般	
30 ~ 39	7	不适宜	
20 ~ 29	8	很不适宜	
10 ~ 19	9	特别不适宜	